Jost Meyen

Jean Jaurès

Ein Leben für den Frieden
Une vie pour la paix

Bibliographische Informationen der Deutschen Nationalbibliothek.
Die Deutsche Nationalbibliothek verzeichnet diese Publikation in der Deutschen Nationalbibliographie, detaillierte bibliographische Daten sind im Internet über http://dnb.dnb.de abrufbar.

Herstellung und Verlag:
BoD – Books on Demand, Norderstedt

ISBN 978-3-7386-5026-6

Umschlagfoto von Jean Jaurès von Nadar (1899), Musée de l`Histoire vivante in Montreuil

Inhalt

Vorwort

Im hundertsten Jubiläumsjahr der 'Urkatastrophe des 20. Jahrhunderts' wird in Europa mit zahlreichen Veranstaltungen an den Ausbruch des 1. Weltkrieges, des 'Grande Guerre', erinnert.

Das Jahr 2014 wird in Frankreich gleichzeitig auch als Jean-Jaurès-Jahr begangen, denn der bedeutende französische Politiker wurde am 31. Juli 1914, dem letzten Friedenstag vor der Mobilisierung in Frankreich und dem Deutschen Reich, von einem nationalistischen Studenten ermordet. Er starb als Märtyrer für den französisch-deutschen Frieden. Er versuchte mit allen seinen Kräften, den vielleicht unsinnigsten aller Kriege, das vorhergesagte industrielle Massenschlachten, zu verhindern.

Jaurès ist derzeit eine umfangreiche Sonderausstellung in den Nationalarchiven Frankreichs in Paris gewidmet. Eine große Anzahl von Dokumenten und Gegenstände zeigt anschaulich seinen Lebensweg und spiegelt gleichzeitig eine ganze Epoche der französischen Geschichte wider.

Die Fondation Jean-Jaurès organisiert das ganze Jahr über Veranstaltungen, mit Kolloquien und Vorträgen auf dem neuesten Forschungsstand.

Briefmarken der Französischen Post von Jean Jaurès 2014

5

Wer war dieser außergewöhnliche Mensch, der oft als „Märtyrer des Friedens" bezeichnet wird? Warum wurde er ermordet? Was verdanken auch wir Deutsche ihm?

Die östlich des Rheins heute kaum noch bekannte Persönlichkeit hatte viele Facetten: Philosophielehrer, Historiker, Parlamentarier, immens fleißiger Journalist und Chef der Zeitung 'L'Humanité'. Er gilt noch heute als einer der besten Redner Frankreichs. Er war Gründer und treibende Kraft des modernen, demokratischen Sozialismus in Frankreich. Der Historiker Max Gallo fasste es in einem Bild zusammen: „Jaurès a présidé au marriage décisif de la démocratie et du socialisme, du peuple français et de la liberté."[1] (Jaurès hat die entscheidende Verbindung zwischen der Demokratie und dem Sozialismus gestiftet, dem französischen Volk und der Freiheit.)

Der Südfranzose prägte die französische Politik in der 3. Republik vor dem 1. Weltkrieg, obwohl er kein offizielles Amt anstrebte. François Mitterand formulierte es so: „Qui était président de la République sous Jaurès?"[2] (Wer war Präsident der Republik unter Jaurès?)

Schwerpunktmäßig befasse ich mich in dieser Darstellung mit den Friedensaktivitäten des hoch angesehenen Pazifisten. Besonders bei den Kongressen der 2. Internationale spielte Jaurès eine immer dominantere Rolle. Die Internationale war die Bühne der verschiedenen sozialistischen Bewegungen und gleichzeitig ihre höchste Autorität. Hier traf er auf August Bebel, den charismatischen, jahrzehntelangen Lenker der deutschen Sozialdemokratie, der ältesten und größten sozialistischen Partei in Europa. Für den Franzosen war die SPD einerseits organisatorisches Vorbild, andererseits kritisierte er deren ideologische Starrheit und Passivität. Auf die Position des „Deutschlandverstehers" und auf die damaligen deutsch-französischen Beziehungen werde ich besonders eingehen.

Gleichzeitig steht im Hintergrund die große Frage, warum ist dieser 1. Weltkrieg, als dessen Fortsetzung der 2. Weltkrieg mit noch höheren menschlichen Opfern anzusehen ist, für die damaligen Zeitgenossen so 'überraschend ausgebrochen'?

Die Bedeutung dieser 'Urkatastrophe' für das Denken und Handeln der Kriegskinder und selbst der Kriegsenkel wird erst heute in ihrem ganzen Umfang erkannt.

Meine Übersetzungen aus dem Französischen erheben nicht den Anspruch, perfekt zu sein, sondern sollen lediglich dem Verständnis helfen.

In den Anmerkungen wird nur die Herkunft wörtlicher Zitate angegeben. Ansonsten habe ich mich auf die Bücher, Zeitschriften und Zeitungsartikel

---

1 Max Gallo, Le Grand Jaurès, Paris 1984, Seite 594
2 Aus dem Vorwort von François Hollande: Jaurès. Une vie pour L'humanité, Paris 2014, Seite 7

bezogen, die im Literaturverzeichnis zu finden sind.

Die Fotos stammen von mir selbst oder sind eigene Aufnahmen von Dokumenten aus dem Centre national et Musée Jean-Jaurès in Castres.

Dafür bin ich in die Städte Castres, Albi, Carmaux, Toulouse und Paris gereist und habe das Archiv der Fondation Jean-Jaurès aufgesucht.

Freundlicherweise hat mir das Musée de l'Histoire vivante in Montreuil einige Bilder aus seinem Archiv zur Verfügung gestellt.

Dank auch an die Friedrich-Ebert-Stiftung in Bonn, die mir die gewünschten Ausgaben des 'Vorwärts' zukommen ließ.

Ich würde mich freuen, wenn die vorliegende kurze Lebensbeschreibung Interesse weckt und zur intensiven Beschäftigung mit dieser faszinierenden und vielseitigen Persönlichkeit anregt.

Neuenburg am Rhein, im Juni 2014

In den Kapiteln 2, 3 und 7.1 der Neuauflage habe ich einige Ergänzungen eingefügt. In Kapitel 2 wird nun deutlicher dargestellt, welche entscheidende Rolle für den weiteren Lebenslauf von Jaurès die Familien seiner Eltern und das hervorragende Collège von Castres spielten. Ohne diese vielfältigen Förderungen ist seine politische Karriere als jüngster Abgeordnete Frankreich kaum denkbar. In Kapitel 3 wird die Situation seines ersten Wahlkampfes 1885 genauer skizziert, in Kapitel 7.1 seine Haltung in der Revisionismusdebatte präzisiert.

Jaurès, dessen männliche Verwandte bis auf seinen Vater alle beim Militär dienten - ein Onkel verlor sein Leben, zwei weitere wurden verwundet - wusste, was Krieg bedeutet.

Der Einsatz des streitbaren Humanisten für den Frieden ist gerade heute hochaktuell.

Neuenburg am Rhein, im Januar 2018

1 Der Mord: „Ils ont tué Jean Jaurès"

Am 31. Juli 1914, am Vorabend der allgemeinen Mobilmachung im Deutschen Reich und in Frankreich, sitzt Jean Jaurès, ein kräftiger, untersetzter Südfranzose, mit einigen Freunden und Mitarbeitern im Café du Croissant in Paris beim Abendessen. Der Besitzer des Cafés hat drei Marmortische für die eifrig diskutierende Gruppe zusammengerückt, nur durch einen Vorhang vor den offenen Fenstern sind sie von der Straße getrennt.

Der 54jährige Jaurès ist der Chef der größten sozialistischen Partei Frankreichs und Direktor der Tageszeitung 'L'Humanité', deren Sitz sich auf der gegenüberliegenden Straßenseite befindet. Er ist in ganz Europa als engagierter Kriegsgegner bekannt.

Am Nachmittag hatte er sich im Palais Bourbon, dem Parlament, davon überzeugt, dass sich die Abgeordneten mehrheitlich gegen einen Kriegseintritt Frankreichs aussprachen. Um 19 Uhr wollte er sich an der Spitze einer Delegation beim Ministerpräsidenten René Viviani aus erster Hand über den aktuellen Stand der Krise informieren. Dieser empfing jedoch gerade den deutschen Botschafter Baron von Schoen, von dem ihm das deutsche Ultimatum überreicht wurde. Der Unterstaatssekretär Abel Ferry musste sich stellvertretend die erregten Vorwürfe Jaurès' anhören, dass die Regierung zu sanft mit den russischen Verbündeten gesprochen habe, man müsse stattdessen unbedingt darauf dringen, dass die Russen die Vermittlung Londons zwischen St. Petersburg und Berlin annehmen.

„Je vous jure, que si dans de pareilles conditions, vous nous conduisez à la guerre, nous nous dresserons, nous crierons la vérité au peuple"[3] (Ich schwöre Ihnen, wenn Sie uns unter derartigen Umständen in den Krieg führen, werden wir uns auflehnen, werden wir dem Volk die Wahrheit zurufen.)

Ferry wagte nicht, dem Leiter der Delegation zu widersprechen, sagte aber beim Abschied zu dem Abgeordneten Bedouce: „Tout est fini, il n'y a plus rien à faire."[4] (Es ist zu spät, man kann nichts mehr machen.)

Jaurès kündigte an, dass er noch am Abend einen Leitartikel für die 'Humanité' in der Art von „J'accuse"[5] verfassen werde, um die Gründe und die Verantwortlichen für die gegenwärtige Kriegsgefahr zu benennen.

---

3 Max Gallo, Seite 585
4 Max Gallo, ebenda
5 J'accuse (ich klage an): Berühmter Artikel von Émile Zola gegen die Verurteilung von Dreyfus.

Café du Croissant am 31. Juli 1914

Zuvor wollte man noch in das gegenüberliegende Café du Croissant zum gemeinsamen Abendessen gehen. Der Politiker saß mit dem Rücken zum offenen Fenster. Ein Journalist zeigte ihm gerade ein privates Foto von seiner Enkelin, als der Vorhang zur Seite geschoben wurde und man zwei Pistolenschüsse hörte. Jaurès wurde von einer Kugel aus nächster Nähe in den Kopf getroffen. Kurze Zeit später, um 21.40 Uhr, war er tot.

Die Nachricht „Ils ont tué Jaurès" (Sie haben Jaurès getötet) verbreitete sich in Paris wie ein Lauffeuer.

Der Mörder Raoul Villain, ein labiler, nationalistischer Student, Mitglied der Liga der jungen Freunde von Elsaß-Lothringen, ließ sich widerstandslos am Tatort festnehmen.

Jaurès hatte vorausgesagt, dass er eines Tages ermordet würde. In der rechten Presse hetzte man ständig gegen ihn, beschimpfte ihn als 'Vaterlandsverräter', als 'Reptil des Kaisers' und dergleichen mehr.

So stand beispielsweise in der Zeitung 'Le Matin' von Urbain Gohier, „s'il y a un chef en France et qui soit un homme, M. Jaurès sera collé au mur en même temps que les affiches de mobilisation." [6] (Wenn Frankreich nur einen Chef hätte, der ein Mann ist, wird M. Jaurès im gleichen Augenblick an die Wand gestellt werden, in dem die Plakate zur Mobilmachung ange-

---

6   Zitiert nach: Jean-Pierre Rioux, Jean Jaurès, Paris 2006, Seite 10

klebt werden.)

Unendlich groß war die Trauer und Bestürzung bei seinen Anhängern: „Jaurès est mort, c'est la guerre." (Jaurès ist tot, das bedeutet Krieg.) So wird berichtet, wie Jean-Baptiste Calvignac, der Bürgermeister von Carmaux aus Jaurès' Wahlkreis, nachdem er die Todesnachricht erfuhr, auf die Knie sank, sich mit der Faust auf den Kopf schlug und Schreie wie ein verletztes Tier von sich gab.

Für viele war mit Jaurès' Tod ein letztes Hindernis für einen europäischen Krieg verschwunden.

Nicht der von der Regierung befürchtete Aufstand brach in Paris aus, sondern lähmende Trauer und tiefe Resignation machten sich breit. Auf die im Carnet B vorsorglich geplante Verhaftung von etwa 2500 bekannten Antimilitaristen wurde verzichtet.

Der deutsche Abgeordnete Hermann Müller war vom SPD-Vorstand nach Paris gesandt worden, um sich mit Jaurès über das weitere Vorgehen abzustimmen. Er kam zu spät.

Der 'Vorwärts', das Zentralorgan der sozialdemokratischen Partei Deutschlands, widmete am 2. August 1914 Jean Jaurès die ganze Titelseite unter der Überschrift: „Ein Edelopfer des internationalen Blutrausches."

Aus dem im pathetischen Stil der damaligen Zeit verfassten Text wird deutlich, welche zentrale Rolle der Ermordete über die Grenzen hinweg für die sozialistische Bewegung spielte.

„Ein furchtbarer Schlag hat die internationale Sozialdemokratie, die Arbeiterklasse aller Länder mitten ins Herz getroffen. (…) Er war es, der die Aussöhnung des französischen und des deutschen Volkes zur gemeinsamen sozialistischen Kulturarbeit mit der ganzen gewaltigen Macht seines Wortes unermüdlich predigte und das Wutgeheul der nationalistischen Meute übertönte. (…) Jaurès kämpfte für die deutsch-französische Verbrüderung noch im anderen Sinne..., (er versuchte) den französischen Arbeitern den Sinn für die deutsche Organisation und Disziplin beizubringen, die deutschen Arbeiter mit der flammenden Aktionsfähigkeit des französischen Proletariats zu durchdringen. (…) Er blieb der Sache der Völkerverständigung treu bis in den Tod, er fiel, als ihr erstes Opfer, mit seinem edlen Blute besiegelte er den Bruderbund des französischen und des deutschen Proletariats."

Der 'Vorwärts' berichtete über Jaurès letzte große Rede am 29. Juli bei der Großveranstaltung des Internationalen Sozialistischen Büros (ISB) in Brüssel: „Ich erkläre feierlich, daß das französische Volk in dieser Stunde der Kriegshetze und der Provokationen völlig und restlos, ohne Hintergedanken und ohne Rückhalt, ehrlich und heiß den Frieden will und ihn zu erhalten wünscht. (…)Sollten morgen die Würfel fallen und Rußland sich in den Krieg stürzen, dann erklären die französischen Arbeiter: für uns existieren keine staatlichen Geheimverträge, wir kennen nur den einen offenen Vertrag – mit der Menschheit und mit der Kultur." [7] Hoffnungsvoll und noch ganz unter dem Eindruck der Friedensdemonstration am 28. Juli von mehr als 100.000 Berlinern sagte er: „Noch nie hat die deutsche Sozialdemokratie, die nun schon so viele Verdienste vor dem internationalen Proletariat erworben hat, einen so großen Dienst an der Menschheit geleistet, als jetzt. (…) Ich danke den Berliner Arbeitern im Namen der französischen Proletarier und ich schwöre, daß wir ihnen weiter in dem entschlossenen Kampf gegen den Attilaritt der wilden Kriegsrotten brüderlich zur Seite stehen werden - treu bis in den Tod!"[8]

Mit seinem Tod verlor die Sozialistische Partei Frankreichs ihre Führungsfigur, die niemand ebenbürtig ersetzten konnte. Die einflussreichste Stimme des internationalen Pazifismus war erloschen.

Es ist eine Tragödie, dass Jaurès in der entscheidenden Phase des Ausbruchs des 1. Weltkrieges umkam, auch wenn er allein die eskalierende Entwicklung sicher nicht mehr hätte stoppen können.

Einige freundliche Worte des Ministerpräsidenten René Viviani reichten,

Vorwärts vom 2. August 1914

um die Partei auf die Linie der Regierung einschwenken zu lassen. Jaurès hingegen hätte sicherlich Vorbedingungen gestellt.

---

7   Vorwärts vom 2. August 1914, Seite 1
8   Ebenda

Nachdem am 3. August das Deutsche Kaiserreich der Französischen Republik den Krieg erklärt hatte, wurde Jaurès' Begräbnis am 4. August zu einer Manifestation der 'Union sacrée', vergleichbar mit dem deutschen 'Burgfrieden'. Noch am gleichen Tag wurden in beiden Ländern die Kriegskredite einstimmig beschlossen.

Der hinterhältige Mord machte Jaurès in Frankreich zu einem Mythos. Auch nach 100 Jahren wird er von vielen als eine der ganz großen politischen Persönlichkeiten des Landes angesehen.

Wie kam es, dass Jean Jaurès zu einer so anerkannten Autorität in der sozialistischen Bewegung in Frankreich und in Europa wurde?

Plakat der SFIO

2 Herkunft und Jugend

Auguste Marie Joseph Jean Jaurès wurde am 3. September 1859 in der süd-französischen Kleinstadt Castres im Departement Tarn geboren.

Die vorherrschende Textilindustrie mit Wollmühlen am Flüsschen Agout konnte in der 2. Hälfte des 19. Jahrhunderts stark expandierenden. In dieser Zeit erhielt die nahe bei der südfranzösischen Handelsmetropole Toulouse liegende Stadt auch Anschluss an das Eisenbahnnetz. Große Bedeutung hatte auch die hier stationierte Kavalleriegarnison mit den regelmäßig alle zwei bis drei Jahren wechselnden Regimentern.

Castres am Agout

Jean Jaurés wurde in eine kriegerische Zeit geboren, in der das Militär eine wichtige Rolle spielte. Kaiser Napoleon III. (1852–1870) versuchte mit zahlreichen Kriegsteilnahmen 'die Ehre und Größe Frankreichs' wiederher-zustellen. Der Krimkrieg war 1856, der Italienfeldzug gegen Österreich ge-rade mit der mörderischen Schlacht von Solferino beendet worden. Die Sy-rienexpedition und die französische Intervention in Mexiko standen bevor.

Sein Onkel Kapitän Henri Jaurès war 1855 in Sewastopol an der Cholera gestorben, der Onkel mütterlicherseits, der Offizier Louis Barbaza, verlor dort ein Bein. Er wurde in Castres Lokalhistoriker und in die Stadtverwal-tung gewählt. Der Onkel Alphonse Jaurès, er gehörte der Eliteeinheit der Zuaven an, wurde in Solferino verwundet und nach Syrien, Mexiko und Al-gier beordert, bis er sich schließlich 1873 als Ritter der Ehrenlegion in sei-

13

ner Heimatstadt zur Ruhe setzte.

Zwei Vettern des Vaters von Jean, Charles und Benjamin Jaurès, nahmen an zahlreichen Feldzügen Napoleons III. teil und wurden zu berühmten Admiralen. Benjamin Jaurès machte auch als Politiker Karriere. Nach dem Ende des Kaiserreichs 1871 vertrat er als Republikaner Tarn in der Nationalversammlung und wurde zum Senator und Botschafter in Madrid und St. Petersburg ernannt. Kurz vor seinem Tod 1889 übernahm er das Amt des Marineministers. Er sagte seinem jungen Großneffen Jean eine Zukunft als Politiker voraus.

In diesem familiären Umfeld wirkte Jules Jaurès, der Vater von Jean, wie ein Sonderfall. Er versuchte sich wenig erfolgreich als Textilhändler und Transportunternehmer. Schließlich musste die vierköpfige Familie bescheiden auf einem Bauernhof mit nur 6 Hektar Land vor den Toren der Stadt leben. Der gesundheitlich angeschlagene Vater, von dem es kein Foto gibt, starb bereits 1882. Der unverheiratete Onkel Louis Barbaza kümmert sich fast wie ein Ersatzvater um die Neffen.

Die 1822 geborene Mutter Adèlaïde Barbaza hatte Jules Jaurès 1852 geheiratet. Ihre Familie war auch in der Produktion und im Handel von Textilien tätig. Aus ihr gingen einige Honoratioren der Stadt hervor, z. B. ein Bürgermeister.

Die Mutter, eine praktizierende Katholikin, machte Jean und dem ein Jahr später geborenen Bruder Louis keine Glaubensvorschriften. Sie widmete sich mit Herzlichkeit ganz der Erziehung der Kinder, verfolgte dabei aber auch ehrgeizige Ziele. Schon früh entwickelten beide ein starkes Selbstbewusstsein. Ungewöhnlich lange begleitete die Mutter das Leben von Jean.

Geburtshaus von Jean Jaurès in der rue Reclusane

14

Auf der Privatschule des Abtes Remy Séjal lernte Jean vor allem Latein und Französisch. Mit 10 Jahren kam der fleißige, sprachbegabte und mit einem ausgezeichneten Gedächtnis ausgestattete Junge auf das schon 1574 gegründete Collège von Castres. Für den eifrigen Schüler wurde diese Schule, auf der er sieben Jahre verbrachte, zu einem Glücksfall.

Das Collège hatte durch seinen guten Ruf und durch überdurchschnittliche Gehälter junge, engagierte Lehrkräfte gewonnen. Sie trafen auf hervorragende Arbeitsbedingungen.. Die wöchentliche Zahl der Unterrichtsstunden war auf 15 begrenzt und die Zahl der Schüler pro Klasse lag bei maximal 15.[9] So konnten die Schüler ausgezeichnete Leistungen erbringen und siegten oft bei den in Frankreich üblichen Wettbewerben (concours).

Jean und Louis Jaurès (1865?)

9   Alain Levy: Le collège de Castres et les professeurs de Jaurès, in Centre national et Musée Jean-Jaurès (Hrg), Jaurès, enfant de Castres, Castres 2009, Seite 69

Bei dem 1876 von der Akademie von Toulouse ausgeschriebenen Wettbewerb, an dem sich 7 Lyzeen und 13 Collèges beteiligten, erreichte Castres drei 1. und zwei 2. Preise.[10] Jean gewann einen ersten Preis im französischen Aufsatz, sein Bruder Louis in Mathematik.

Der erwachsene Jean war den drei Lehrern Germa, Brinon und Imant besonders dankbar: „ je n'ai pas oublié la bienveillance et presque l'amitié pour moi.“[11] (Ich habe nicht das Wohlwollen und fast Liebe für mich vergessen.) Bei dem jungen Rhetoriker Bernard Germa übte er sich in Französisch und in Latein. Dem Philosophielehrer Emile Brinon fühlte sich Jaurès intellektuell am nächsten. In einem Brief vom 23. August 1880 schrieb er an seinen Studienfreund Charles Salomon: „ Je vais de temps en temps dans ma bonne ville voir quelque parent ou quelque ami: le plus aimable est de beaucoup mon ancien professeur de philosophie; nous causons une bonne

Lycée Jean Jaurès in Castres

10 Ebenda, Seite 70
11 Vincent Duclert, Jaurès, Paris 2013, Seite 166

partie de l'après-midi."[12] (Ich besuche von Zeit zu Zeit meine gute Stadt, um Eltern oder einen Freund zu sehen: am liebsten meinen alten Philosophielehrer. Wir unterhalten uns einen großen Teil des Nachmittags.) Abends wanderten die beiden Philosophen manchmal noch in den Weinbergen.

Der Pädagoge Paul Imart unterrichtete Jaurès mehrere Jahre in Geschichte und Geographie. Er verstand, bei den Schülern das Interesse für seine Fächer zu wecken. Jaurès gelang es, neben Preisen in Philosophie und Rhetorik, dreimal hintereinander in Geschichte den 1. Preis zu gewinnen.

Als Jaurès am 31. Juli 1888 als junger Abgeordneter von Tarn im Lyzeum von Albi die Preisverleihung für die besten Schüler leitete, sagte er: „Ce n'est pas impunément que vous aurez goûté aux émotions de la science et de l'art. Il vouse enrestera toujours, au milieu même des affaires, et des inévitables vulgarités de la vie, la curiosité forcée des grandes choses."[13] (Es hat keine nachteiligen Folgen, von der Wissenschaft und der Kunst gekostet zu haben. Es bleibt euch immer, auch mitten in euren Geschäften und den unvermeidlichen Banalitäten des Lebens, die Neugierde, die aus den großen Dingen zwangsläufig entsteht.)

Dem Schulinspektor Nicolas-Felix Deltour fielen bei einem Besuch des Collège von Castres Jeans Leistungen auf. Besonders beeindruckte ihn seine lateinische Rede und sein lateinische Heft mit selbst verfassten Gedichten. Er empfahl den Eltern, den Jungen zur Fortbildung nach Paris zu schicken. Der herausragende Schüler erhielt 1876 ein Stipendium für das Internat am Collège Sainte-Barbe in Paris und bereitete sich im Lyzeum Louis-le-Grand zwei Jahre intensiv auf die Aufnahmeprüfung für die berühmteste französische Ausbildungsstätte vor, die École normale supérieure (ENS). Er wurde als Jahrgangsbester an der rue d'Ulm aufgenommen. Bei der Abschlussprüfung in Philosophie 1881 konnte er nach dem späteren Nobelpreisträger in Literatur, Henri Bergson, 'nur' den dritten Rang erreichen. Mit dem Abschluss seiner Ausbildung erwarb er auch die Lehrberechtigung als Philosophielehrer.

Jaurès blieb der Eliteschule immer verbunden. Der aus Altkirch im Elsaß stammende Philosoph und Germanist Lucien Herr wurde dort 1888 der Leiter der Bibliothek. Jaurès und Herr verband eine enge intellektuelle Freundschaft. Der Elsässer war in der sozialdemokratischen deutschen Arbeiterbewegung engagiert und spielte eine wichtige Rolle bei der Annäherung des Südfranzosen an den Sozialismus. Er half bei der Auswahl der Literatur für Jaurès' 1889 begonnene Doktorarbeit über „Die Ursprünge des deutschen Sozialismus".

---

12 Zitiert nach Alain Levy, Seite 79
13 Zitiert nach Alain Levy, Seite 88

JEAN JAURES EPOUSE LOUISE BOIS (29 JUIN 1885)

Am Lyzeum von Albi, 40 km nördlich seiner Geburtsstadt Castres gelegen, trat der Junglehrer eine Teilzeitstelle an. Hier konnte er in der Nähe seines kranken Vaters sein und noch Zeit für erste öffentliche Vorträge sowie für weitere Studien finden. Ab 1883 war er dann zwei Jahre als außerordentlicher Professor an der Philosophischen Fakultät von Toulouse tätig.hrend seine berufliche Karriere erfolgreich verlief, stießen zwei Eheschließungsversuche auf unüberwindliche Widerstände. Die Eltern von Marie-Paul Prat, die er seit seiner Jugend kannte, und danach auch die von Marie Klehe, Tochter eines deutschen Bankiers, verweigerten die angestrebte Heirat. Entweder war der junge Philosophielehrer nicht standesgemäß genug oder seine Tätigkeit als republikanischer Abgeordneter fand keine Zustimmung. Erst bei seinem dritten Anlauf wurde er nicht vom Vater der jungen Frau abgewiesen. So konnte 1886 die Hochzeit mit Louise Bois stattfinden, der Tochter eines Händlers aus Albi. Obwohl seine Frau sein außerordentliches

Interesse an Wissenschaft und Politik nicht teilte, führten sie eine stabile Ehe und hatten zusammen zwei Kinder. Die Mitgift seiner Frau bestand aus der auf dem Land gelegenen bescheidenen Residenz Bessoulet. Jaurès, der sich selbst scherzhaft als 'kultivierter Bauer' bezeichnete, fand hier während der langen Sommerpause in seiner geliebten Natur zur Ruhe und Erholung. Wie sein Idol Jean-Jacques Rousseau pries er die Idylle des Landlebens. „Ich finde, nichts ist dem Geist zuträglicher als einige Monate Landaufenthalt." [14] (Il n'est rien de plus sain que quelques mois de campagne.)

Albi: Nicht weit von dem rechten Brückenanfang befindet sich das Lycée.

---

14 Zitiert nach: Heinz Abosch, Jean Jaurès. Die vergebliche Hoffnung, München 1986, Seite 20

3 Vom Republikaner zum Sozialisten

Ganz überraschend für seine Mutter, die sich für ihn eine akademische Karriere wünschte, kandidierte ihr ältester Sohn 1885 in seinem Departement Tarn auf der Liste der Republikaner für die Wahlen zur Nationalversammlung. Admiral Benjamin Jaurès, der angesehene Verwandte, beruhigte die Mutter. „ Er weiß wohl was er tut. Auf jeden Fall können weder du noch ich ihn von seinem Weg abbringen. Jean strebt zur Politik wie die Ente zum Wasser."[15] (Jean va à la politique comme le canard va à l'eau.)

Nach der Niederlage Frankreichs im Krieg gegen Preußen 1870/71, der gnadenlosen Niederwerfung der Pariser Kommune, bedrohten Monarchisten, Armee und katholischer Kirche die neue 3. Republik.

Léon Gambetta und Jules Ferry, beide Verteidiger der Republik, waren für den auch politisch interessierten Jaurès frühe Vorbilder. Als Ministerpräsident führte Jules Ferry 1880 die Schulpflicht und den kostenfreien Grundschulbesuch ein und begrenzte den Einfluss der katholischen Kirche, was ganz im Sinne von Jaurès war. Überraschend dagegen verteidigte der junge Philosophielehrer die expansive Kolonialpolitik Ferrys. Offiziere aus seiner Familie nahmen an den Annektionen Frankreichs in Nordafrika und Indochina und von Madagaskar teil. Nach seiner Überzeugung konnten die Franzosen ebenso wie die 'kindlichen' Einheimischen von der Kolonialherrschaft profitieren.

Der langjährige republikanische Abgeordnete des Departements Tarn, Frédéric Thomas, starb 1884. Die Nachfolge gestaltete sich schwierig, da die moderaten ('Opportunisten') und die radikalen Republikaner zerstritten waren. Am 16. August 1885 wurde der ehrgeizige, dem moderaten Flügel zugeordnete Jaurès auf einer Delegiertenversammlung in Albi auf die Liste der sechs Kandidaten gewählt. Für Jaurès („nicht der Admiral") sprachen sein bekannter Name und sein Rednertalent, das er auf seinen ersten politischen Versammlungen bewiesen hatte. Als Vertreter der Region Castres hatte er in der liberalen Stadt die Mehrheit der Wähler hinter sich, aber in dem ländlichen Umland wurde unter dem Einfluss der monarchistischen katholischen Kirche traditionell rechts gewählt. Jaurès war selbst auf einer kleinen Farm aufgewachsen und kannte die Sorgen der Bauern. Er als biligualer Südfranzose aus dem Languedoc benutzte bei seinen Wahlveranstaltungen auch die vertraute okzitanische Landessprache.

Auch weil in Castres ein attraktiver konservativer Gegenkandidat fehlte, tri-

---

15 Urs Brand: Jean Jaurès. Internationalist und Patriot, Göttingen 1973, Seite 14

umphierte der Neuling ganz knapp als erster auf der Liste mit 48040 Stimmen. Die Republikaner gewannen 5 der 6 Mandate des Departements Tarn. [16] Das letzte Mandat erhielt der Monarchist Baron Reille, ein Verwandter des Großgrund- und Minenbesitzers Marquis de Solages. Auf Landesebene konnten dagegen die Konservativen ihre Stimmen verdoppelt. Die Sozialisten waren im Parlament nur mit 10 Abgeordneten vertreten.

Der mit 26 Jahren jüngste Abgeordnete Frankreichs suchte zunächst noch seine Rolle, fühlte sich isoliert. Erst nach einem Jahr beteiligte er sich an einer Debatte. Die vier Jahre der Wahlperiode waren für ihn Lehrjahre.

Filiale von 'La Dépêche' in Castres

Gleichzeitig stürzte er sich mit großem Interesse in eine journalistische Tätigkeit. Ab 1887 schrieb er, übrigens bis zu seinem Tod, für die liberale, größte südfranzösische Zeitung: 'La Dépêche de Toulouse'. Auf diese Weise konnte er über 200.000 treue Leser erreichen.

Schon im ersten Jahr seiner politischen Aktivität beschäftigte er sich auch mit dem französisch-deutschen Verhältnis. „Ich glaube, viele unter uns haben Deutschlands Absichten schwärzer dargestellt, als sie es eigentlich waren. Die deutsche Nation verlangt, ebenso wie wir, begierig nach Frieden."[17] Die deutsche Politik der Mäßigung zeige „weder den grenzenlosen Hochmut Ludwigs XIV. noch die furchtbaren Phantasien Napoleons I."[18], wagte er gegenüber seinen Landsleuten zu äußern.

---

16 Vincent Duclert, Seite 177
17 Zitiert nach Heinz Abosch, Seite 32
18 Ebenda

Der rauhe Wahlkampf von 1889 war geprägt von der nationalistischen und revanchistischen Propaganda des Generals Boulanger. Jaurès fehlten fast 900 Stimmen und er verlor sein Mandat in Castres an einen konservativen Konkurrenten. Der vielseitige Südfranzose nahm die Niederlage gelassen hin. „Je sors de la vie publique sans découragement et sans amertume, le coeur ferme et le front haut, on peut servir puissament son pays dans la vie privée, par la pensée, le travail et l'honneur."[19] (Ich verlasse das öffentliche Leben ohne Entmutigung oder Bitterkeit, mit starkem Herz und erhobener Stirn. Man kann seinem Land auch im privatem Leben durch Denken, Arbeit und Ehrenhaftigkeit dienen.)

Der junge Akademiker kehrte nach Toulouse zurück, nahm seine Lehrtätigkeit an der Universität wieder auf und verstärkte seine journalistische Aktivität für die 'Dépêche'.[20] Er schrieb über aktuelle Themen, die ihn schon als Abgeordneten beschäftigt hatten: Die Rentenkasse für Bauern, Einführung der Einkommenssteuer, Forderung nach dem Einstieg in den 8-Stunden-Tag.

Und ab 1893 veröffentlichte er unter dem Pseudonym Le Liseur (der Leser) alle 14 Tage eine literarische Buchbesprechung.

Detail aus dem Bild von Henri Martin (1903-1906): 'Jaurès sur les bords de la Garonne' (Aus dem Rathaus von Toulouse, ganz rechts Jean Jaurès.)

---

19 Zitiert nach Jean Pierre Rioux, Jean Jaurès, Paris 2008, Seite 67
20 Insgesamt schrieb er 1312 Artikel für die 'Dépêche'.

Lokalpolitische Erfahrungen gewann er ab 1890 als Stadtrat und stellvertretender Bürgermeister der weltoffenen Stadt Toulouse. Er war für das Schulwesen zuständig, kümmerte sich um Modernisierungen der Universität und der Klinik.[21] Seine Kenntnisse der Verhältnisse in Paris waren für die Stadt äußerst wertvoll. In Anwesenheit des französischen Präsidenten Sadi Carnot hielt er die Eröffnungsansprache der neuen medizinischen Fakultät der Universität.

Außerdem arbeitete er an seinen beiden Doktorarbeiten weiter und entwickelte dabei immer stärker ein eigenes, ideell untermauertes Weltbild. Durch das Studium der französischen Frühsozialisten, des Anarchisten Pierre Joseph Proudhon und des die soziale Revolution von oben propagierenden Louis-Auguste Blanqui, als auch durch die Auseinandersetzung mit den Theorien seines Zeitgenossen Karl Marx, machte er sich nun mit der Gedankenwelt der Sozialisten vertraut.

In seiner ersten philosophischen Dissertation „De la réalité du monde sensible" (Von der Wirklichkeit der sinnlich erfassbaren Welt) wollte er das Wahre hinter den realen Erscheinungen ergründen. Nicht nur allein die Materie, auch nicht allein das Bewusstsein schaffen nach Jaurès' Auffassung die Realität. Sondern beides. Der 'Versöhner' sucht auch hier die Einheit, eine Art von 'metaphysischem Realismus'.

Der Titel seiner in Latein geschriebenen zweiten Dissertation lautete: „De primis socialismi germanici lineamentis apud Lutherum, Kant, Fichte et Hegel". (Die Ursprünge des Sozialismus in Deutschland.) Er setzte sich hier mit dem deutschen Reformator und mit drei deutschen Philosophen auseinander.

Für den tiefgründigen Denker Jaurès war „in Deutschland der Sozialismus schon geboren, lange bevor die Großindustrie mit ihrem übersteigerten Wachstum die konstitutiven Bedingungen des wirtschaftlichen Sozialismus schuf."[22] Bereits Luther habe die alte Ordnung gestürzt und einer neuen, gerechteren Sozialvorstellung die Bahn gebrochen. „Wenngleich Luther nur das Ziel der Gleichberechtigung von Christen verfolgte, so hat er doch damit gleichzeitig auch schon den Weg für eine bürgerliche Gleichberechtigung vorbereitet."[23] Erst durch Luther gebe es für jeden wieder die Freiheit des selbständigen Mitdenkens. Während die Franzosen den Verstand und den Glauben als Gegenpole ansehen, „hat die Reformation das deutsche

---

21 Er war auch Präsident des Vereins der Athleten in „seinem" Lycée von Albi. Dort entstand der 1. Rugby-Club des Departments Tarn.
22 Jean Jaurès, Die Ursprünge des Sozialismus in Deutschland, Frankfurt 1974, Seite 25
23 Ebenda, Seite 27

Denken gelehrt, Gegensätze in sich zu vereinen."[24]
Jaurès wollte die sozialistische Bewegung von ihrer theoretischen Begründung und Argumentation her nachvollziehen und verstehen. Er hatte daher
den „christlichen Sozialismus Luthers, den moralischen Sozialismus Fich-
tes und den dialektischen Sozialismus bei Hegel und Marx untersucht."[25]
Seine nicht ohne weiteres nachvollziehbare Schlussfolgerung, „der dialekti-
sche Sozialismus stimmt also mit dem moralischen Sozialismus überein
und der deutsche Sozialismus mit dem französischen Sozialismus"[26], ist
aber eher als eine Wunschvorstellung zu bewerten, wie er auch bald selbst
in der politischen Praxis bemerken sollte.
Jaurès erkannte den Sozialismus als Synonym für das ewige Streben nach
Humanität und Gerechtigkeit.[27] Er würde sicherlich Julius Braunthals Definition zugestimmt haben: „Der Sozialismus war der Erbe der Ideale der Hu-
manitätsphilosophie des Zeitalters der Aufklärung".[28] Nach der Lektüre des
'Kapitals' von Karl Marx war Jaurès überzeugt von der Akkumulation des
Kapitals, der Ausbeutung der Arbeiter, der fundamentalen Kraft des Proletariats und der prinzipiellen Finalität der geschichtlichen Entwicklung.
Aber die Forderung nach der Diktatur der Arbeiterklasse widersprach der
bildungsbürgerlichen und toleranten Persönlichkeit des jungen Gelehrten.
Die sozialistischen Ideen sind für ihn die Werte der französischen Revolution: Gleichheit, Freiheit, Brüderlichkeit. Für Jaurès war eine eigene Vorge-
hensweise bestimmend. Zuerst ging er einer Frage auf den Grund, informiert sich umfassend, dann setzte er seine Erkenntnis in die Tat um. Am 27.
März 1892 traf sich der 32jährige in Toulouse mit Jules Guesde, der mit
Marx' Schwiegersohn Paul Lafarque die 'Parti Ouvrier Français' (Französische Arbeiterpartei) gegründet hatte, zu einem langen, nächtlichen Gespräch. Endgültig für den Sozialismus überzeugen ließ sich Jaurès während
einer die ganze Nacht dauernden Diskussion mit seinem Freund Lucien
Herr, dem belesenen Bibliothekar der École normale supérieure. Dazu
meinte Léon Blum: „C'est Herr qui a amené à prendre claire conscience
qu'il était socialiste." [29] (Es ist Herr, der Jaurès zum klaren Bewußtsein
brachte, dass er Sozialist war.) Auch die direkte Konfrontation des Politikers mit der harten Realität der Arbeiterwelt trugen zu seiner politischen
Neuorientierung im Jahr 1892 bei.

---

24 Ebenda, Seite 47
25 Ebenda, Seite 103
26 Ebenda, Seite 102
27 Ebenda, Seite 102
28 Julius Braunthal, Geschichte der Internationale, Band 1, Berlin, Bonn
   1978, Seite 327
29 Zitiert nach Vincent Duclert, Seite 190

Rathaus von Carmaux: Damaliger Bürgermeister Jean-Baptiste Calvignac

In dem Städtchen Carmaux, im Norden seines Departments Tarn gelegen, streikten die Bergarbeiter gegen die Willkür des Minenbesitzers und Abgeordneten, des Grafen von Solages. Ursprünglich ging es um höhere Löhne, den 8-Stunden-Tag und gewerkschaftliche Vertretung. Als dem Gewerkschaftssekretär Jean-Baptiste Calvignac, der auch zum Bürgermeister gewählt worden war, gekündigt wurde, traten die Minenarbeiter in einen langen und zutiefst erbitterten Streik (16.8.-3.11.1892). Die Regierung setzte 1500 Soldaten gegen die 3000 Streikenden ein.

Gemeinsam mit anderen Sozialisten unterstütze Jaurès, der schon früh Mitglied der Bergarbeiterkommission war, die Streikbewegung. Er schrieb eine Reihe von Artikeln in der 'Dépêche', wobei er besonders die Verletzung des allgemeinen Wahlrechts und den menschenunwürdigen Umgang mit den 'Mannequins noircis de charbon' (von Kohle geschwärzten Puppen) kritisierte. Schließlich kam es auch durch die Vermittlung von Jaurès zu einem akzeptierten Kompromiss. Sowohl Calvignac, dem man nun mehr Zeit für sein Amt zubilligte, als auch der Minendirektor konnten ihren Posten wieder ausüben. Die meisten Inhaftierten wurden freigelassen.

Der frustrierte Marquis de Solages trat als Abgeordneter zurück. Jaurès wurde um seine Kandidatur gebeten und in der Nachwahl gewann er nun als unabhängiger Sozialist das Mandat für die Nationalversammlung.

Jean-Jaurès-Denkmal auf dem Jean-Jaurès Platz in Carmaux

Als sich 1895 die Glasarbeiter von Carmaux nach zahlreichen Arbeitskonflikten gegen ihr Aussperrung durch den Fabrikbesitzer wehrten, solidarisierte sich Jaurès mit ihnen. Die Glasarbeiter verließen die Stadt und gründeten im 18 km entfernten Albi mit Spendengeldern eine genossenschaftlich organisierte eigene Glasfabrik. Bei der Eröffnung am 25. Oktober 1896 soll Jaurès vor Freude und Begeisterung auf dem Bankett tisch gestiegen sein und das Revolutionslied Carmagnole angestimmt haben.

Für den sozialistischen Abgeordneten war der Streik eine leider notwendige Waffe (arme tristement nécessaire). Bei den großen Streiks zwischen 1893 und 1900, die vor allem in den bereits stärker industrialisierten Gebieten Nordfrankreichs stattfanden, übernahm Jaurès häufig die Rolle eines Vermittlers und Mitorganisators auf der Seite der streikenden Arbeiterschaft.

4 Die vielseitige Persönlichkeit

Was war für die Zeitgenossen so faszinierend an der Person von Jaurès? Als der geschulte Beobachter Stefan Zweig den nur 1,68 Meter großen Mann zum ersten Mal in Paris im Vorbeigehen sah, registrierte er die „gewaltigen Schultern, den kurzen gedrungenen Stiernacken, ..., und mein erstes Empfinden war das einer bäuerlichen unerschütterlichen Kraft." [30] Sein kantiges Gesicht zeigte aber auch Aufmerksamkeit und Neugier. Auf sein bürgerlich korrektes Äußeres legte der Politiker keinen großen Wert. Anzug- und Manteltaschen waren oft mit Zeitungen und Büchern vollgestopft und ausgebeult. [31]

Für Karikaturisten war er schon von seiner Erscheinung her ein ideales Objekt.

Der vielsprachige Intellektuelle bewältigte ein imponierendes Arbeitsvolumen. Vor 6 Uhr morgens stand er auf und unternahm einen einstündigen Spaziergang. Nach dem Frühstück mit der Familie arbeitete er in seiner chaotischen, vollgestopften Studierstube unter dem Dach am Schreibtisch. Mittags fuhr er mit dem Bus von seinem kleinen Haus im Pariser Vorort Passy aus zum Parlament und wohnte dessen Sitzungen bei. Abends musste er in der Redaktion der Zeitung 'L'Humanité' (ab 1904) noch die neue Ausgabe besprechen und seinen Artikel für den nächsten Tag fertigstellen. Erst um Mitternacht kehrte er nach Hause zurück.

Oft war er auch auf Reisen durch Frankreich zu Wahlkämpfen, Vorträgen oder Kongressen. Seine Auslandsreisen verband er gerne mit Besuchen in Museen.

Erholung brachten ihm die Sommeraufenthalte mit seiner Familie in dem Landhaus in Bessoulet bei Albi. Hier trat er bei seinen Wanderungen auch gerne mit den örtlichen Bauern in Kontakt.

Sein optimistisches Menschenbild, eine gewisse Naivität im Alltag und seine bei aller Kritik in der Sache stets vorhandene Höflichkeit könnte man als Schwäche ansehen. Dagegen war er durch seinen aktuellen Informationsstand, seine permanente Lernbereitschaft und seine breite klassische Bildung für die Debatten im Parlament bestens gewappnet. Am stärksten beeindruckte er als einer der besten Redner, die Frankreich je hatte. Seine von ihm selbst sorgfältig ausgearbeiteten Reden konnte er Dank seines guten

---

30 Stefan Zweig, Jaurès. Ein Porträt (1916). Aus: Zeiten und Schicksale, Frankfurt 1990, Seite 220
31 Er soll sich bei einer Rede mit einem Socken das verschwitzte Gesicht abgewischt haben.

Gedächtnisses frei halten. Obwohl mit großer Leidenschaft und Überzeugungskraft vorgetragen, war jeder Satz auf hohem sprachlichen Niveau ausformuliert und vom Verstand kontrolliert. Rede und Person waren eine Einheit. Selbst Leo Trotzki, der Jaurès scharf als 'Reformist' kritisierte, lobte seine Redekunst überschwenglich. „ While beeing a very powerful orator - perhaps the most powerful of all those humanity has produced - he stood above the orational art: he was always higher than his speech as a craftsman is higher than his tool."[32]
Obwohl zahlreiche Fotos und Karikaturen von dem begnadeten Redner existieren, fehlt leider eine Aufnahme seiner Stimme.
Der belgische Sozialpsychologe und Minister Hendrik de Man äußerste sich treffend über den 'geborenen Redner': „Hier war ein Mann, der auf die intuitiv unmittelbare Art und zugleich auf der höchsten geistigen Ebene all das verkörperte, was mir als Inhalt der sozialistischen Gesinnung erschien: revolutionäres Feuer, kühner Gedankenflug, verwurzelt im Volke, dazu beladen mit der 'besten Fracht' humanistischer, historischer und literarischer Bildung." [33]
Der Badische SPD-Reichstagsabgeordnete Ludwig Frank beschrieb 1910 die rhetorische Wirkung des Franzosen auf deutsche Zuhörer: „Viele deutsche Arbeiter lauschten fast zwei Stunden lang seiner Rede, von denen ich weiß, dass sie seine französische Sprache nicht verstanden - und doch sah ich auf ihren von Erregung geröteten Gesichtern alle Anzeichen tiefinnerlicher Teilnahme."[34] Im Vergleich dazu wirkte selbst der talentierte Redner Bebel"zu lehrhaft und bieder,"[35] und im Gegensatz zu dem deutschen 'Arbeiterkaiser' hatten Jaurès' Reden trotz aller Wortverliebtheit den Bezug zur Praxis.
Grundsätzlich könnte man Jaurès vorhalten, dass er keine Karriere als Minister anstrebte. Dies hätte aber ganz den Wünschen seiner Frau entsprochen. Als Minister hätte er seine Visionen noch wirkungsvoller umsetzten können.
Als Politiker ohne Amt konnte er seine Stärke als ausgleichender Vermittler besser einsetzen und seine gedankliche Freiheit wahren.
Der Historiker Wolfram Wette wies darauf hin, dass Jaurès durch sein individualistisches Denken nicht dem Fatalismus vieler Zeitgenossen unterlag. Für Jaurès entstehen Kriege durch einen Willensakt und nicht durch einen bloßen Automatismus der kapitalistischen Gesellschaft.

---

32 Leon Trotsky, Political Profiles, Jean Jaurès Essay (July1915), Seite 8
33 Zitiert nach Heinz Abosch, Seite 143
34 Zitiert nach Heinz Kühn, Auf den Barrikaden des mutigen Wortes, Bonn 1986, Seite 59
35 Zitiert nach Heinz Abosch, Seite 143

5 Die Dreyfus-Affäre

Mehr als ein Jahrzehnt sorgte die Dreyfus-Affaire für Erschütterung und tiefe Spaltung der französischen Gesellschaft. Der aus dem Elsaß stammende jüdische Hauptmann im Generalstab Alfred Dreyfus war im Dezember 1894 wegen angeblichem Landesverrat gegenüber dem Deutschen Reich zu lebenslanger Haft auf der berüchtigten Teufelsinsel vor Guayana verurteilt worden.

Am 13. Januar 1898 veröffentlichte der Schriftsteller Émile Zola den berühmt gewordenen Artikel 'J'accuse' (Ich klage an), in dem er mutig gegen Fälschungen und Ungereimtheiten bei dem Urteil protestierte. Während mit dem Major Charles Esterhazy ein Fälscher von Beweisen freigesprochen wurde, verurteilte das Gericht Émile Zola wegen Beleidigung zu einem Jahr Gefängnishaft. Er floh daraufhin nach London.

Die 'Dreyfusards', die sich für Gerechtigkeit und Veröffentlichung der Wahrheit einsetzten, wurden als Verletzer der heiligen Ehre der Armee und als Verräter Frankreichs diffamiert. Zu der großen und mächtigen Gruppe der 'Anti-Dreyfusards' gehörten der Generalstab und das Kriegsministerium, viele Adlige und Vertreter des katholischen Klerus. Es bildete sich die mächtige Gruppe der nationalistischen 'Action Française'.

Der latente Antisemitismus in Frankreich brach an die Oberfläche. In der Jesuitenzeitung war zu lesen: „Die Juden haben vorgespielt, sie hätten einen Justizirrtum entdeckt. Ihr Anschlag ist in Basel ausgeheckt worden, wo der Zionistische Kongreß offen zur Diskussion über die Befreiung Jerusalems zusammen kam. Die Protestanten haben mit ihnen für die Errichtung eines Syndikats gemeinsame Sache gemacht. Das Geld kommt aus Deutschland."
[36]

Auch die Sozialisten waren in dieser erbitterten Affäre gespalten, handelte es sich doch um eine Streiterei innerhalb der Bourgeoisie und bei dem Hauptmann Dreyfus um einen Mann aus der herrschenden Oberschicht. Sowohl der Marxist Jules Guesde als auch die SPD plädierten für Nichteinmischung. Lucien Herr, der viele Intellektuelle für ein Engagement für die Freilassung des Hauptmanns gewinnen konnte, überzeugte schließlich auch den zögernden Jaurès. Wie man es von ihm erwarten konnte, setzte er sich trotz vieler Anfeindungen als 'Judenfreund' und 'Verräter Frankreichs' mit seiner ganzen Energie für ein gerechtes Urteil ein. Für ihn war dies keine Frage des marxistischen Klassenkampfs, sondern der Humanität. „ Nous pouvons dans le combat révolutionnaire garder des entrailles humaines;

---

36 Zitiert nach Heinz Abosch, Seite 36

nous ne sommes pas tenus, pour rester dans le socialisme, de nous enfuir hors de l'humanité."[37](Wir können im revolutionären Kampf durchaus Menschlichkeit bewahren. Der Sozialismus darf uns nicht dazu verpflichten, unmenschlich zu handeln.)

Am 22. Januar hielt er seine erste Rede im Parlament zur Dreyfus-Affäre. So hitzig verlief die Debatte, dass er auf dem Rednerpult von dem royalistischen Abgeordneten Jules Pierre de Bernis tätlich angegriffen wurde und der Saal nach einem Tumult geräumt werden musste.[38]

'L'Illustration' vom 29.1.1898 zeigt den Tumult vom 22.1. im Parlament

---

37 Zitiert nach Jean Jaurès, L'époque et l'histoire, Lavaur 1999, Seite 56
38 Das von Bernis geforderte Duell lehnte er mit der Begründung ab, man habe ihn ja von hinten geschlagen, und das entspreche nicht den Regeln der Ehre.

Vom 10. August bis zum 20. September 1898 erschienen in der Zeitung 'La Petite République' unter der Überschrift 'Les Preuves' (die Beweise) seine Artikel, in denen er Schritt für Schritt viele Fehler, auf denen das Urteil beruhte, mit aller Schärfe bloßlegte. Er fasste die einen eklatanten Justizskandal beweisenden Fakten danach noch in seinem Buch 'Les Preuves' zusammen.

An dem endlich im folgenden Jahr in Rennes wieder aufgenommenen Revisionsprozess nahm Jaurès teil. Doch erneut wurde Dreyfus schuldig gesprochen, erhielt aber diesmal mit 10 Jahren Gefängnis eine mildere Strafe. Im September 1899 begnadigte der Staatspräsident den Offizier. Jaurès setzte sich aber weiterhin für eine vollständige Rehabilitierung ein. Doch erst im Jahr 1906 wurde Dreyfus wieder in die Armee aufgenommen.

Einerseits hatte Jaurès durch sein kompromissloses Eintreten für die Gerechtigkeit viel an Ansehen und Anerkennung gewonnen, andererseits war auch die Zahl der Gegner gewachsen. Der Wahlkampf des Jahres 1898 stand ganz in Zeichen der aufgeputschten Atmosphäre, oft wurde Jaurès gewaltsam am Reden gehindert.

Er musste eine deutliche Wahlniederlage hinnehmen, nur in der Stadt Carmaux hatte er knapp gewonnen. 1902 gelang ihm die Rückeroberung seines Wahlkreises, den er bis zu seinem Tod vertrat.

Jaurès, der größte Hoffnung in Erziehung und Bildung setzte, nutzte die zurückgewonnene Zeit, um sich einen alten Wunsch zu erfüllen. Er gab nun eine Geschichte Frankreichs seit der Französischen Revolution 1789 aus sozialistischer Sicht heraus. Dieses Geschichtswerk erschien in einer Fortsetzungsreihe, mehrere Artikel hatte er selbst geschrieben.

Gleichzeitig trat er weiterhin als Redner auf, so häufig sogar, dass er im Jahr 1901 für zwei Monate seine Stimme verlor. Seine berühmteste Rede hielt der Philosophielehrer am 30. Juli 1903 in „seiner" ehemaligen Schule in Albi. In diese 'Rede an die Jugend' ('Discours à la jeunesse') begründete er seine optimistische Überzeugung, dass man trotz aller Probleme Vertrauen in die menschliche Natur und ihre Höherentwicklung haben könne. Er forderte die Schüler auf, individuellen Mut zu zeigen. Das Wort 'Courage' verwendete er im letzten Teil seiner Rede 16 Mal.

„Le courage, c'est d'aller à l'idéal et de comprende le réel."[39] (Mutig ist es, das Ideal anzustreben und die Wirklichkeit zu verstehen.)

---

39 Discours à la jeunesse, in Spécial Histoire 2014, Nr. 2, Seite 49

6 Einheit und Reformen

Anders als im Deutschen Reich war die sozialistische Bewegung in Frankreich stark zersplittert. Die Mehrheit der Parteien war marxistisch, die Gewerkschaften anarchistisch ausgerichtet. Diese Zerreißprobe machte besonders der Fall Millerand deutlich.

Im Juni 1899, die Dreyfus-Affaire war auf ihrem Höhepunkt, stellte der Ministerpräsident Pierre Waldeck-Rousseau ein Kabinett zur 'Verteidigung der Republik' gegen den drohenden Staatsstreich zusammen. Dem ehrgeizigen Sozialisten Alexandre Millerand bot er das Industrieministerium an. Nach Rücksprache mit Lucien Herr unterstützte Jaurès den Eintritt in die Regierung, obwohl als Kriegsminister der 'Schlächter der Kommune', General Gaston Gallifet vorgesehen war. Einerseits wollte Jaurès die republikanische Regierung gegen die drohende Mehrheit der Nationalisten verteidigen, andererseits hoffte er auf die Durchsetzungsmöglichkeiten von sozialen Reformen. Damit wurde zum ersten Mal ein Sozialist Minister.

Alexandre Millerand gelang es, eine zentrale Arbeitsverwaltung einzurichten, den Einstieg in den 10-Stunden-Tag in Fabriken und den 8-Stunden-Tag in Bergwerken sowie Reformen für Rentner zu erreichen.

Wütende Proteste gegen die Unterstützung einer bürgerlichen Regierung kamen von den revolutionären Guesdisten, Blanquisten und Allemanisten. Sie propagierten die auch von August Bebel für die SPD vorgegebene Richtlinie, sich als proletarische Klassenpartei nie an einer Regierung der Bourgeoisie zu beteiligen. Rosa Luxemburg warf Jaurès vor, „das Werk des Sozialismus zum großen Teil rückgängig gemacht" zu haben.[40]

Der in Deutschland ausgefochtene Revisionismusstreit hatte also auch Auswirkungen auf die französische Linke. Der Theoretiker Eduard Bernstein hatte in seiner Schrift 'Die Voraussetzungen des Sozialismus und die Aufgaben der Sozialdemokratie' (1899) darauf hingewiesen, dass marxistische Thesen und gesellschaftliche Wirklichkeit nicht immer übereinstimmten. Wo zeigte sich beispielsweise die behauptete absolute Verelendung des Proletariats?

Die Überwindung des Kapitalismus und der Klassenherrschaft sei nicht durch die von Karl Marx prophezeite Revolution, sondern durch eine evolutionäre Entwicklung verbunden mit sozialen Reformen erreichbar.

Der orthodoxe Parteitheoretiker Karl Kautsky, immer unterstützt von den in diesem Punkt dogmatischen Parteiführern August Bebel und Paul Singer, setzte seine marxistische Position gegen die Minderheit der Revisionisten

---

40 Zitiert nach Heinz Abosch, Seite 51

DEBAT ENTRE GUESDE ET JAURES A LILLE (1900).

auf dem Dresdner Parteitag 1903 durch. Erst 1907 verkündete Bebel das Ende der Bekämpfung des Revisionismus. In Wirklichkeit hatte die SPD und besonders die nahestehenden Gewerkschaften schon lange eine revisionistische Politik betrieben.

Jaurès erklärte sich grundsätzlich einverstanden mit den Thesen von Karl Kautsky. Wahrscheinlich wollte er die Einheit der sozialistischen Bewegung nicht gefährden. Aber in der Praxis kämpfte er weiterhin für einen Weg der Reformen.

Am 26. November 1900 kam es im Hippodrom von Lille zwischen Jaurès und Jules Guesde zur großen Debatte über 'die zwei Methoden'. Der asketische Marxist warf Jaurès vor, mit der Unterstützung der feindlichen Klasse sich für die Interessen des Kapitals einzusetzen und den Klassenkampf zu vernachlässigen.

Der Südfranzose hingegen wies auf die offensichtlichen Schwächen der marxistischen Ideologie hin und verteidigte seine Zusammenarbeit mit bürgerlichen Parteien zur Rettung der Republik und um „die offensive Rückkehr der feudalen Barbarei, der Allmacht der Kirche"[41] zu verhindern.

Bei der anschließenden Abstimmung musste Jaurès in Guesdes Heimat eine deutliche Niederlage erfahren..

Als Konsequenz dieser konträren Positionen kam es im Folgejahr zur Neugründung zweier sozialistischer Parteien. Die klassenkämpferisch orientier-

---

41 Ebenda.
1905 wurde in Frankreich die Trennung von Staat und Kirche erreicht.

ten Guesdisten, Blanquisten und Splittergruppen gründeten die 'Parti Socialiste de France' (17.000 Mitglieder). Jaurès leitete die 'Parti Socialiste-Français' (10.000 Mitglieder) der Reformsozialisten. Seite Bemühungen um die Einheit aller Sozialisten scheiterten.

Ganz anders war die Situation in Deutschland. Am 23. Mai 1863 hatte eine Gruppe um Ferdinand Lassalle in Leipzig die weltweit erste sozialdemokratische Partei gegründet. 1875 gelang in Gotha die Vereinigung der Lassalleaner und der 1869 von August Bebel und Wilhelm Liebknecht in Eisenach gegründeten Sozialdemokratischen Arbeiterpartei zur Sozialistischen Arbeiterpartei (SAP). Vergeblich versuchte Reichskanzler Otto von Bismarck durch das Sozialistengesetz von 1878 bis 1890 die Existenz der Partei zu beenden. Die sozialdemokratische Partei Deutschlands (SPD), so wurde die nun wieder legale Partei ab dem Erfurter Parteitag 1891 genannt, konnte die stärkste politische Organisation der Arbeiterbewegung in Europa werden. Auch besaß sie schon ab 1876 mit dem 'Vorwärts' ein offizielles Parteiorgan, dass während der Zeit des Parteiverbots in Zürich als 'Der Sozialdemokrat' weitergeführt und illegal ins Land geschmuggelt wurde.

1.Ausgabe der 'Humanité' vom 18. April 1904

In Frankreich hatte sich erst 1879 nach der Amnestierung der Pariser Kom-

munarden eine politische Vertretung der Arbeiterbewegung bilden können.[42]
Eine Gruppe um Jules Guesde gründete als erste die 'Féderation du Parti
des Travailleurs Socialiste' mit einem von Karl Marx persönlich bearbeite-
tem Programm. In der Folge gründete Paul Brousse die Possibilisten, Jean
Allemanes die Allemanisten und Edouard Vaillant führte die Blanquisten
an.
Auf dem Kongreß der 2. Internationale in Amsterdam im August 1904 wurden die französischen Sozialisten von außen gedrängt, ihre Zersplitterung
endlich zu beenden und sich zu einer schlagkräftigen Einheitspartei zusam-
menzuschließen. Nach mühseligen Verhandlungen kam es im April 1905 in
Paris zu einem Einigungskongreß, der die neue 'Parti socialiste Section
Française de l'Internationale Ouvrière'(SFIO) gründete. Obwohl anfänglich
die revolutionären Guesditen bestimmend waren, gelang es dem Vermittler
Jaurès mit Hilfe von Edouard Vaillant die neue Partei zu einen und schließlich zu ihrem Sprecher zu werden.
Der Journalist Jaurès, der schon für die 'Petite République', 'Le Matin' und
'La Lanterne' geschrieben hatte, wusste, wie wichtig für die politische Arbeit eine eigene Tageszeitung war. Am 18. April 1904 konnte mit der 'L'Humanité'[43], der Namensgeber war Lucien Herr, endlich seine Parteizeitung
erscheinen. Als deren Direktor und fleißiger Artikelschreiber (rund 2.000)
besaß Jaurès nun ein einflussreiches Organ, um seine Ideen und Analysen
zu verbreiten.

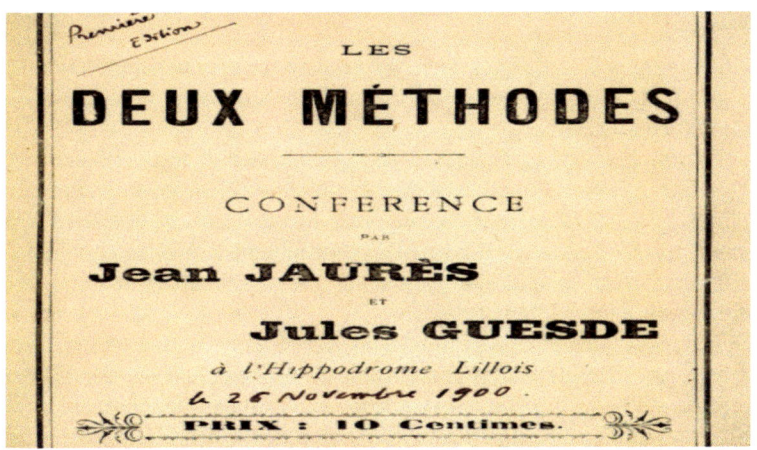

---

42 Wolfgang Abendroth, Sozialgeschichte der europäischen Arbeiterbewegung. Frankfurt 1973, Seite 55
43 Die SPD unterstützte zeitweise finanziell die Existenz der Zeitung.

7 Die 2. Internationale

Karl Marx hatte am 28. September 1864 in London die 1. Internationale Arbeiter-Assoziation (IAA) noch selbst mit aus der Taufe gehoben. Vertreter aus 14 Ländern beteiligten sich. Die Vielzahl der ideologisch divergierenden Gruppierungen führte zu unüberbrückbaren Spannungen. Besonders stark war der Gegensatz zwischen den Marxisten und der anarchistischen Bewegung von Michail Bakunin und den sich ebenfalls gegen staatlichen Einfluß wehrenden Proudhonisten.

Eine große Bedeutung für die Internationale gewannen die Ereignisse im Frühjahr 1871 in Paris während der preußischen Belagerung. Der am 26. März gewählte republikanische Gemeinderat (Commune) beschloss radikale soziale Reformen. Die gewonnene Autonomie wurde gegen die eher monarchistisch ausgerichtete französische Regierung in Versailles mit Hilfe der Pariser Nationalgarde verteidigt. Nach der blutigen Niederschlagung der Kommune mit zehntausenden Toten und dreizehntausend Verbannten löste sich die gescheiterte 1. Internationale schließlich 1876 in Philadelphia (USA) auf.

Marx schloss aus der Niederlage Frankreichs 1871, dass sich nun auch der Schwerpunkt der Arbeiterbewegung von Frankreich nach Deutschland verschieben würde und Engels sah voraus, dass der 'Eiserne Kanzler' Bismarck ungewollt zum Aufschwung seiner erbitterten Kritiker beitragen würde.

Erst 13 Jahre später einigten sich Vertreter sozialistischer Parteien auf eine Neugründung der Internationale, die sich diesmal aber von anarchischen Strömungen abgrenzte.

Als Termin des Pariser Gründungskongresses der 2. Internationale wurde der 14. Juli 1889, das hundertjährige Jubiläum der Erstürmung der Bastille, gewählt. Die 392 Delegierten kamen aus 23 Ländern, die deutsche Gruppe bestand aus 81 Personen. Ein parallel stattfindender zweiter Kongreß französischer Reformer und der englischer Gewerkschaftler integrierte sich später in diese neue Internationale.

Paul Lafarque, der Schwiegersohn von Karl Marx, eröffnete den Arbeiterkongreß, Vorsitzende waren gemeinsam der maßgeblich bei der Gründung beteiligte Wilhelm Liebknecht und Edouard Vaillant. Neben August Bebel, der den 8-Stunden-Tag und die Verbesserung der Arbeits- und Lebensbedingungen der Industriearbeiter forderte, waren aus Deutschland auch der Theoretiker Eduard Bernstein, der Gewerkschaftler Carl Legien und die spätere Vorkämpferin der Deutschen Frauenbewegung, Clara Zetkin, anwesend.

Kongreß der 2. Internationale in London (26 .Juli bis 2. August 1896)
In der 1. Reihe: 3. von links: August Bebel, 4. von links: Jean Jaurès

Der Altkommunarde Edourd Vaillant plädierte für die Abschaffung des stehenden Heeres und die allgemeine Volksbewaffnung. Die Förderung von Verständigung und Frieden unter den Völkern wurde als zentrale Aufgabe der Internationale gesehen.
Auf dem Kongreß in London 1896 wurde zum ersten Mal auch die Einschaltung eines Schiedsgerichts zur friedlichen Regelung von Konflikten zwischen den Nationen gefordert.[44]
In Erinnerung an die Opfer des Haymarket-Riot in Chicago hatte die Internationale beschlossen, den 1. Mai zum 'Kampftag der Arbeiterbewegung' zu erklären. Wie schwer die Durchführung einer Mai-Demonstration in der Praxis war, musste auch Paul Lafarque erleben, der für seinen Demonstrationsaufruf eine einjährige Gefängnisstrafe erhielt.[45]
1891 wurde in Paris Militär gegen die Mai-Demonstranten eingesetzt. Zehn Todesopfer waren zu beklagen.

---

44 1900 wurde in Den Haag ein ständiges Schiedsgericht eingerichtet. Aber auch auf dem Haager Kongreß 1907 konnte das Prinzip der obligatorischen Schiedsgerichtsbarkeit nicht verbindlich geregelt werden.
45 Siehe Wolfgang Abendroth, Seite 76

7.1 Der richtige Weg: Jaurès contra Bebel

Zum ersten Mal nahm Jaurès 1896 in London an einem Kongreß der Internationale teil. Obwohl er, wie Alexandre Millerand und René Viviani, ohne Mandat erschien, wurde er als Abgeordneter der französischen Nationalversammlung zugelassen. Er unterstützte den Antrag von Wilhelm Liebknecht, diejenigen Gewerkschafter auszuschließen, die nicht die Notwendigkeit der gesetzlichen und parlamentarischen Aktion anerkannten.[46]

Auf dem Kongreß der Internationale in Amsterdam 1904 kam es zu einem dramatischen Rededuell zwischen dem 'deutschen Jaurès' und dem 'französischen Bebel', das in die Annalen der sozialistischen Bewegung einging. Georg Brandes hat die beiden Kontrahenten verglichen: „Jaurès' Beredsamkeit ist feurig, gewaltig dahinströmend, während die Bebels scharf und schneidend ist. Ihre Bildungsgrundlagen sind verschieden, bei Bebel die praktische, die des Drechslermeisters, bei Jaurès die theoretische, die des Professors der Philosophie. Aber beide sind bei ihrem Auftreten gleich volkstümlich".[47] Auf dem Dresdner Parteitag der SPD 1903 war der Revisionismus, der die tatsächliche gesellschaftliche Entwicklung berücksichtigen wollte, mit 288 gegen 11 Stimmen abgelehnt worden. Der 'Arbeiterkaiser' hatte sich mit seiner Überzeugung durchgesetzt, dass durch Abwarten der 'große Kladderadatsch'[48] den Sozialisten die Macht in absehbarer Zeit automatisch in die Hände legt.

Vor den rund 400 Delegierten aus 20 Ländern wehrte sich Jaurès vehement gegen die Allgemeinverbindlichkeit dieser Position und gegen „ den verhängnisvollen Irrtum der Deutschen, dass sie durch die Dresdner Resolution ihre Taktik allen Ländern auferlegen wollen."[49] Und der Franzose ging, immer wieder von Beifall unterbrochen, in die Offensive. Ins Deutsche wurde er von der vielsprachigen Rosa Luxemburg übersetzt.

„Was würde die (…) Internationalisierung der Resolution bedeuten? Nichts anderes als den Geist der Unsicherheit, des Zögerns und Zagens, den Geist des Zweifelns, der gegenwärtig die deutschen Socialdemokraten beseelt, allen anderen Ländern einzuimpfen. (Bravo) Was auf dem internationalen Socialismus lastet, sind nicht die Kompromisse, nicht die angeblich abenteuer-

---

46 Jean Jaurès, L'Époque et l'Histoire, Seite, Seite 45
47 Heinz Kühn , Seite 62
48 Der Kladderadatsch war eine satirische Zeitschrift. Bebel verwendete den Ausdruck als Synonym für den Zusammenbruch der bürgerlichen Gesellschaft.
49 Alle Zitate aus der Beilage des Vorwärts vom 21.8.1904

lichen Experimente eines Flügels des französischen Socialismus, das ist in Wirklichkeit die politische Ohnmacht der deutschen Socialdemokratie. Sie hat uns ein großes geschichtliches Beispiel durch ihre Agitation, Organisation und Disziplin gegeben, aber zwischen der Kraft, die sie zu repräsentieren scheint und ihrer tatsächlichen Macht besteht ein großer Unterschied." Nachdem die Redezeit von Jaurès um 15 Minuten verlängert wurde, brachte er weitere Argumente.

„Woher kommt die Ohnmacht der deutschen Socialdemokratie? Einmal daher, daß das deutsche Proletariat keine revolutionäre Tradition hat (...), nicht auf den Barrikaden erobert worden ist, sondern von oben geschenkt worden ist."

Jaurès nahm auch Bezug auf den gefeierten Wahlsieg der SPD mit 3 Millionen Stimmen. "Gerade in Deutschland besteht die größte Aussicht, daß die Socialdemokratie einmal die Mehrheit im Parlament erreicht. Aber auch dann ist sie nicht die Herrin der Situation. Denn der deutsche Parlamentarismus ist ein Scheinparlamentarismus und das Wahlrecht ist bedroht."

Nach der Mittagspause setzte August Bebel zur großen Gegenrede an.

„Ich kenne kein Land in Europa, das ein so niederträchtiges, reaktionäres, ausbeuterisches Steuersystem hat wie Frankreich."[50], stellte er fest.

„Nun sprach Jaurès weiterhin von der Machtlosigkeit der Socialdemokratie. (...) Bei uns reichen die drei Millionen eben nicht. Aber lassen sie uns 4 oder 8 Millionen haben, dann wollen wir einmal sehen. (Lebhafter Beifall) (...) Eure Machtlosigkeit kommt daher, daß Euch das allgemeine Wahlrecht geschenkt worden ist. Ihr habe keine revolutionäre Vergangenheit, so sagt Jaurès. Aber das französische Bürgertum hat dem Proletariat 1848 das Wahlrecht erobern helfen, und als dieses soziale Reformen verlangte, unterlag es in der Junischlacht. Nicht der Kampfesmut des französischen Proletariats gab ihm die Republik, (Unruhe bei den französischen Delegationen) sondern der Sieg Bismarcks, der Euren Kaiser auf die Wilhelmshöhe führte." (...)

„Die Episode Millerand ist jetzt vorbei, aber die daraus entstandenen verhängnisvollen Streitigkeiten, unter denen die französische Sozialdemokratie so schwer leidet, dauern fort. (...) Und seitdem sehen wir, daß bei jeder Abstimmung im Parlament sich die jaurèstische Fraktion in 2 oder 3 Teile spaltet."

Damit wirft Bebel dem Franzosen vor, sich selbst kompromittiert und dem internationalen Sozialismus geschadet zu haben.

Beide Redner wurden während diese Rededuells immer wieder durch stürmischen Beifall unterbrochen. Es spricht für die Streitkultur der 2. Interna-

---

50 Frankreich hatte in dieser Zeit keine Einkommens- und Vermögenssteuer.

tionale, dass so offen und hart in der Sache diskutiert wurde und gleichzeitig ein höflicher Umgangston erhalten blieb. Die Dresdner Resolution wurde schließlich mit 25 gegen 5 Stimmen bei 12 Enthaltungen angenommen.

Der frühere Ministerpräsident von Nordrhein-Westfalen Heinz Kühn zog folgendes Resümee: „Im Grunde ging es in dieser historischen Debatte schon damals um die erste Diskussion der Frage: Klassenpartei oder Volkspartei? Auf dem Kongreß blieb bei der Abstimmung der Delegierten August Bebel der Sieger, in der Geschichte, in der gesellschaftlichen Entwicklung, blieb Jean Jaurès im Recht."[51]

Jaurès hatte in seiner Rede die Schwächen der SPD deutlich angesprochen. Als unvoreingenommener Beobachter erkannte er den Widerspruch zwischen Schein und Wirklichkeit.

Der 'Vorwärts' brachte am 24. August 1904 den Leitartikel „Der Wiederhall von Amsterdam in Frankreich." Noch nie hätte sich die französische Öffentlichkeit so für einen sozialistischen Kongreß und den 'Jaurèsismus' interessiert. In der konservativen Presse herrsche ein reaktionärer Jubel über die internationale Niederlage der Jaurès-Richtung. Der Vorwärts' stellte auch fest, dass die Debatte über den „Jaurèsismus, dieser praktischen Verkörperung eines verbürgerlichten Sozialismus,"[52] eine direkte Auswirkung auf die französischen sozialistischen Parteiverhältnisse haben werde. Das Zentralorgan der SPD verwies bedauernd auf den aktuellen Artikel von Jaurès in der 'Humanité', in dem er erklärt hatte, der Amsterdamer Kongreß könne nicht für die Landesparteien sprechen, sondern auch darauf, „daß die Bedingungen der sozialistischen Aktion sich nach Zeit und Milieu ändern und daß man den neuen Methoden die Freiheit lassen müsse."[53]

Obwohl sich der Südfranzose während des Revisionismusstreits öffentlich auf die Seite von Karl Kautsky gestellt hatte, stand er in seiner praktischen politischen Arbeit und in seinen theoretischen Überlegungen Eduard Bernstein nahe.

Diese Haltung warf die Parteilinke Rosa Luxemburg ihm in einem offenen Brief vor.[54] Jaurès hatte die Verständigung zwischen England und Russland bei einem Treffen von Eduard VII. und Nikolaus II. am 9. und 10. Juni 1908 in Reval als einen richtigen Schritt der Großmächte zur Festigung des Friedens gelobt. Er sah darin eine vorbildliche Aktion, wie auch andere Länder ihre Gegensätze ausgleichen könnten. Die aus dem russischen Polen stammende Politikerin - privat verstand sie sich gut mit dem Franzosen-

51 Heinz Kühn, Seite 67
52 Vorwärts vom 24. 8. 1904, Seite 1
53 Ebenda
54 Rosa Luxemburg: Offener Brief an Jean Jaurès, in: Die Neue Zeit, Heft 43, Stuttgart 1907-1908, Band 2, Seite 588-592

legte gegen seine Position „schärfsten Protest" ein. Das Bürgertum Europas habe schon in der Revolution von 1905 durch seine Unterstützung des Zarismus den ersten siegreichen Ansturm gegen den russischen Absolutismus abgewehrt. Sie forderte „mit aller Macht", Bündnisse mit dem konterrevolutionären Russland zu bekämpfen. Für Luxemburg war „klar, daß umgekehrt, die Unterstützung der Bündnisse mit dem heutigen Rußland durch die moralische Autorität der Sozialisten Westeuropas, der Bündnisse über die Leichen der Hingerichteten und Niedergemetzelten, über die eisernen Ketten der im Zuchthaus schmachtenden sozialdemokratischen Dumafraktion, über die Qualen der Zehntausende eingekerkerter Revolutionäre hinweg, daß diese Unterstützung ein Verrat an der Sache der Revolution ist. Wie soll man also Ihre Befürwortung der franko-russischen und anglo-russischen Herzensbündnisse verstehen, Genosse Jaurès?"[55]

Das offizielle Beharren auf den Thesen des 1883 verstorbenen Karl Marx, und die Interpretationen des Parteitheoretikers Karl Kautsky verhinderten in Deutschland eine ehrliche Bestandsanalyse. Der Aufbau und die Erhaltung einer immer größeren Parteiorganisation ersetzte die zielgerichtete Aktivität in Richtung auf eine wirkliche Machtübernahme. Nur in ihrem Wortschatz ließ sich die SPD noch als revolutionäre Kraft ansehen. Beim Ausbruch des 1. Weltkrieges mussten die über eine Million Parteimitglieder leidvoll erfahren, welcher Selbsttäuschung sie unterlegen waren.

Jaurès' mit viel Applaus bedachte Rede zeigte auch deutlich die abnehmende Dominanz der deutschen Sozialdemokratie in der Arbeiterbewegung.

Marie-Louise Goergen hat in ihrer Doktorarbeit über die Beziehungen zwischen den deutschen und französischen Sozialisten drei Phasen beschrieben.[56] In der 1. Periode (1889 bis 1898) war die Führungsrolle der 'revolutionären' SPD unangetastet. Besonders die Guesdisten verehrten die mächtige, vorbildhafte Partei des östlichen Nachbarlandes. Eng waren die persönlichen Bindungen zu Friedrich Engels und Wilhelm Liebknecht.

Bleibende Anerkennung erzielten die sozialdemokratischen Abgeordneten August Bebel und Wilhelm Liebknecht, als sie sich im Norddeutschen Reichstag bei der Abstimmung über die Kriegskredite am 19. Juli 1870 der Stimme enthielten. Nach der Ausrufung der 3. Französischen Republik forderten alle deutsche Sozialisten einen sofortigen Friedensschluss und Verzicht auf Annexionen.[57] Sie warnten vor einer dauerhaften Belastung der Beziehungen zu Frankreich durch den Anschluss von Elsaß-Lothringen. Mit

---

55 Ebenda, Seite 591

56 Marie-Louise Goergen, Les rélations entre socialistes allemands et français a l'époque de la deuxième internationale (1889-1914), Saint-Denis 1998

57 Siehe Fischer/Werner Krause: August Bebel, Köln 1998, Seite 47

den Aufständischen der Pariser Kommune erklärten sie sich solidarisch. Die französischen Sozialisten rechneten es August Bebel und Wilhelm Liebknecht hoch an, dass sie für ihre internationalistische Haltung als 'vaterlandslose Gesellen' lange Haftstrafen in Kauf nahmen.[58]

Als 2. Periode der deutsch-französischen Beziehungen gibt Marie-Louise Goergen die Zeit von 1898 bis 1904/5 an. In dieser krisenhaften Übergangsphase mit dem umstrittenen Experiment Millerand, fanden wir auf der einen Seite die Jaurèsisten und die Revisionisten mit Bernstein, auf der anderen Seite Links-Jaurèsisten und Karl Kautsky und Rosa Luxemburg. In der Internationale bestand die Vorherrschaft der orthodoxen SPD mit den Guesdisten und Anhängern von Vaillant.

„A partir de 1898, Jaurès devient, en bien ou en mal, le centre du socialisme français aux yeux des socialistes allemands."[59] (Ab 1898 wird Jaurès, im Guten wie im Schlechten, in den Augen der deutschen Sozialisten der Mittelpunkt des französischen Sozialismus.) Jaurès gewann durch seine Haltung in der Dreyfus-Affaire an Prestige bei den Revisionisten.

Die neue Generation der eher technokratischen französischen Sozialisten erhielt, auch durch eigene Reisen nach Deutschland, ein nicht mehr so idealisiertes Bild der SPD. Man tauschte sich auf gleicher Augenhöhe aus.[60] Jaurès Kritik an der deutschen Sozialdemokratie auf dem Amsterdamer Kongreß von 1904 war das beste Beispiel.

In der 3. Periode von 1905 bis 1914 wurde die Gruppe der Revisionisten und Reformisten bestimmend. Internationale Treffen verloren den hohen Stellenwert, den sie vorher für die nationalen Parteien hatten. Kritiker wie der Germanist Charles Andler sahen imperialistische Tendenzen bei dem rechten Flügel der deutschen Sozialdemokraten.

Marie-Louise Goergen schlussfolgerte, dass sich durch den Rückzug auf sich selbst, die geringeren persönlichen Kontakte und die Unfähigkeit, sich auf Regeln zu gemeinsamen Aktionen zu einigen, das „Phänomen der Nationalisierung des Sozialismus" gebildet hatte.[61]

---

58 Im sog. Hochverratsprozess wurden beide am 26.3.1872 zu 2 Jahren Festungshaft verurteilt. Im Juli 1872 erhielt Bebel wegen angeblicher „Majestätsbeleidigung" eine weitere Haftstrafe.
Liebknecht hat übrigens von seine insgesamt 6 Jahren Gefängnisaufenthalt auch einige Monate im Freiburger Gefängnis (1848) verbringen müssen.

59 Marie-Louise Goergen, Seite 852

60 Ebenda, Seite 854

61 Ebenda, Seite 858

7.2 Der Frieden: die Massenstreikfrage

Seit der Gründung der 2. Internationale 1889 in Paris war die Friedenspolitik ein zentrales Thema. Krieg wurde nicht mehr, wie allgemein üblich, als naturgesetzlicher Ablauf betrachtet, sondern der Frieden als erstrebbarer Zustand angesehen. Realpolitik eines Bismarcks, Krieg als Fortsetzung der Politik mit anderen Mitteln, war aus sozialistischer Sicht zu ächten. Immer hatte die Arbeiterklasse unter einem Krieg am meisten zu leiden.

Friedrich Engels hatte schon 1887 vor dem drohenden großen Krieg gewarnt. Es werde "kein anderer Krieg für Preußen-Deutschland mehr möglich sein, als ein Weltkrieg von einer bisher nie gekannten Ausdehnung und Heftigkeit. Acht bis zehn Millionen Soldaten werden sich untereinander abwürgen und dabei ganz Europa kahlfressen wie noch nie ein Heuschreckenschwarm. Die Verwüstungen des 30jährigen Krieges zusammengedrängt in drei bis 4 Jahre und über den ganzen Kontinent."[62]

Das Wettrüsten der Großmächte nahm zu. Der gewaltige Ausbau der deutschen Kriegsflotte war dafür ein Beispiel. Die imperialistischen Spannungen verschärften sich, 1898 in Faschoda zwischen Frankreich und Großbritannien, 1904/5 im Russisch-Japanischen Krieg. In der 1. Marokkokrise drohte ein Krieg zwischen Frankreich und Deutschland.

Endlich konnte 1907 ein Kongreß der Internationale, wenn auch unter Auflagen, in Deutschland, dem Land mit der mitgliederstärksten sozialistischen Partei stattfinden. Die harten polizeilichen Verbote, besonders in Preußen, erschwerten die Planung.

Der Arbeiterkongreß 1907 in Stuttgart sollte sich vor allem mit den aktuellen Themen der Militarisierung und den internationalen Konflikten beschäftigen. Die 886 sozialistischen Delegierten aus 25 Ländern, darunter 150 Deutsche und 90 Franzosen, waren überwiegend der Überzeugung, „l'essence du capitalisme c'est de produire des guerres." (Das Wesen des Kapitalismus ist es, Kriege zu erzeugen.) Die SFIO hatte unter der Führung von Jaurès und Edouard Vaillant auf dem Kongreß von Limoges beschlossen, mit Massenstreiks und Aufständen einen Krieg zu verhindern. Im Falle eines Angriffskrieges wollten sie aber wie August Bebel ihre Nation verteidigen.

Großes Interesse bestand bei den Stuttgarter Arbeitern. Auf der Veranstaltung am 18. April auf dem Cannstatter Wasen sprachen Redner aus 12 Ländern zu den 60.000 Zuhörern.

---

62 Zitiert nach Hans-Ulrich Wehler: Das Deutsche Kaiserreich 1871-1918,
   Seite 209

Kongreß der 2. Internationale 1907 in Stuttgart: Cannstatter Wasen

Jaurès herzliche Begrüßungsansprache der Delegierten in der Liederhalle, teilweise von Karl Kautsky übersetzt oder teilweise gleich auf Deutsch gehalten, wurde immer wieder von Hoch- und 'Vive Jaurès'-Rufen unterbrochen. Der 'Vorwärts' berichtete ausführlich über das 'Stuttgarter Völkerparlament': „Besonders freue er sich, als Vertreter der Franzosen, die Deutschen begrüßen zu können, die sich gegenseitig so viel Unheil zugefügt haben und sich doch gegenseitig so viel schuldig sind. Hocherfreut ist er darüber, die Versammlung im Lande Schwaben begrüßen zu können, das der deutschen Kultur so viel gegeben habe, dem Land, in dem Friedrich Schiller geboren, den die Franzosen als Ehrenbürger der französischen Republik begrüßt haben, dem Geburtsland des ausgezeichneten Philosophen Hegel, der das realistische Denken so stark befruchtet habe. (Stürmischer Beifall)" [63]

---

63 Vorwärts vom 20.8.1907

Im Laufe des Kongresses musste die französische Delegation aber feststellen, dass in der Frage der Kriegsverhinderung keine Einigung mit den Deutschen erreichbar war. Der Antrag der Mehrheit der Franzosen gegen den Militarismus und Imperialismus lautete: „Der Militarismus ist nur als die vom Staat organisierte Rüstung anzusehen, um die Arbeiterklasse unter dem ökonomischen und politischen Joch der kapitalistischen Klasse zu erhalten. (…) Die Verhütung und Verhinderung des Krieges ist durch nationale und internationale Aktionen der Arbeiterklasse mit allen Mitteln, von der parlamentarischen Intervention, der öffentlichen Agitation bis zum Massenstreik und zum Aufstand zu bewirken."[64]

Bebel wollte von den 'Massenstreikspielereien' nichts hören. Er fürchtete um den Bestand seiner Parteiorganisation und bezweifelte die Realisierbarkeit eines gleichzeitigen allgemeine Massenstreiks in allen betroffenen Ländern. Auf bestimmte Mittel ließ sich die SPD nicht festlegen. Eine verbindliche Definition von Verteidigungskrieg und imperialistischem Angriffskrieg wurde nicht bestimmt.

Auf konkrete Fragen von Jaurès, wie man sich beispielsweise bei dem Ausbruch eines Krieges wegen Marokko verhalten sollte, ging Bebel nicht ein. Schließlich einigte man sich auf den Kompromiss einer unverbindlichen Resolution, „alle möglich erscheinenden Mittel aufzubieten, um die Völkerzerfleischung zu verhindern."[65] Auf Anregung von Rosa Luxemburg und Wladimir Lenin[66] fügte man den von der SFIO unterstützten Zusatz ein, im Kriegsfall sei es „die Pflicht, für dessen rasche Beendigung einzutreten und mit allen Kräften dahin zu streben, die durch den Krieg herbeigeführte wirtschaftliche und politische Krise zur Aufrüttelung des Volkes auszunutzen und dadurch die Beseitigung der kapitalistischen Klassenherrschaft zu beschleunigen."[67]

Auf heftigen Ablehnung stieß die kleine radikale französische Gruppe um Gustave Hervé, der den Standpunkt vertrat, „notre Patrie, c'est la classe," (Unser Vaterland ist die Klasse.) und daher folgerichtig auch den 'Verteidigungskrieg' ablehnte. Er vermutete, dass die deutschen Genossen 'satte Spießbürger' seien, die dem Kaiser mit dem gleichen Gehorsam in den Krieg folgen würden, wie sie dem 'Kaiser Bebel' gehorchten.[68]

Jaurès war von der passiven Haltung der SPD enttäuscht. Die gewünschte

---

64 Vorwärts vom 21.8.1907, 1. Beilage
65 Vorwärts vom 25.8.1907
66 Lenin wird diese Forderung, den Krieg für einen Revolution zu nutzen, 1917 im zaristischen Russland konsequent (mit deutscher Finanzierung) durchsetzten.
67 Zitiert nach Heinz Abosch, Seite 75
68 Heinz Abosch, Seite 74

gemeinsame Front gegen den grassierenden Militarismus rückte in weite Ferne. Aber trotz des sich abzeichnenden Bruchs setzte er seine Hoffnungen weiter auf die deutsche Massenpartei, auch wenn deren hegemoniale Stellung nicht mehr toleriert wurde.

Der 1910 in Kopenhagen stattfindende internationale Sozialistenkongreß brachte keine Einigung über den Generalstreik als Aktion zur Kriegsverhütung. Den Vorschlag von Édouard Vaillant und dem Gründer der Labour-Partei, James Keir-Hardie, lehnte eine knappe Mehrheit unter Führung der deutschen Gruppe ab.

Man plädierte dagegen für Abrüstung und Ablehnung von Rüstungsprojekten.

Ein internationales Schiedsgericht sollte bei Streitigkeiten entscheiden. Im Falle eines drohenden Krieges war das Büro der Internationale in Brüssel (BSI) als zentrale Koordinierungsstelle vorgesehen. Das BSI sollte auch Vorschläge für konkrete friedenserhaltende Aktionen für den geplanten nächsten Kongreß 1913 in Wien vorbereiten.[69]

In der Juli-Krise 1914 wird sich später zeigen, dass die vagen Stuttgarter und Kopenhagener Absichtserklärungen zum Scheitern der 2. Internationale beigetragen haben.

Bild von Joseph Sirat (um das Jahr 1902)

---

69 Das Datum wurde später auf 1914 verschoben, den 50. Geburtstag der
1. Internationale.

8 Die Marokkokrisen und Kriegsgefahr

Die am 8. April 1904 beschlossene 'Entente Cordiale' zwischen Frankreich und Großbritannien bedeutete das Ende des imperialen Streites zwischen den beiden Ländern. Während den Briten Ägypten überlassen wurde, erhielten die Franzosen freie Hand zur 'friedlichen Durchdringung' Marokkos, obwohl 1880 im Vertrag von Madrid die Souveränität Marokkos garantiert worden war. Frankreich überließ Italien Tripolis, das formal noch zum Osmanischen Reich gehörte, als Interessenszone.

Reichskanzler Bernhard von Bülow wollte einerseits die deutschen Wirtschaftsinteressen in Marokko sichern, andererseits das französisch-britische Verhältnis auf die Probe stellen. Der von ihm initiierte Besuch Wilhelm II. am 31. Mai 1905 in Tanger, womit er die Einhaltung des Vertrags von Madrid bekräftigte und die Stellung des Sultans stärkte, führte zu großer Empörung in Frankreich. Der französische Außenminister Théophile Delcassé hatte die Beherrschung des gesamten Maghrebs zum Ziel. Er lehnte eine internationale Konferenz oder einen Ausgleich für das Deutsche Reich ab.

Jaurès war nicht wie Edouard Vaillant der Meinung, „que la politique coloniale est partout criminelle,"[70](dass die Kolonialpolitik überall kriminell ist) aber während der Marokkokrisen erkannte er die im europäischen Imperialismus immanente hohe Kriegsgefahr.

Der Pazifist kritisierte deshalb mit der gewohnten Offenheit in der Nationalversammlung die riskante Politik Théophile Delcassés, der schließlich im Juni 1905 zurücktrat. Jaurès wollte auf Einladung der SPD in Berlin seine Vorschläge zur Entspannung der Krise vorstellen. Am Vorabend der geplanten Reise am 6. Juli besuchte ihn der deutsche Botschafter überraschend in seinem Privathaus und untersagte ihm die Einreise. Der ausgearbeitete Vortrag erschien daraufhin gleichzeitig in der 'Humanité' und im 'Vorwärts'. Darin sprach er sich gegen jede Form der militärischen Revanche gegen Deutschland aus. „Car cette guerre irait contre la démocratie, elle irait contre le prolétariat, elle irait contre le droit des nations, qui ne sera pleinement garantie que par le prolétariat et la démocratie. Aujourd'hui, la paix en Europe est nécessaire au progrès humain; et (...) la paix confiante entre Allemagne et la France, est nécessaire à la paix de l'Europe."[71] (Denn dieser Krieg wäre gegen die Demokratie, gegen das Proletariat, gegen das Völkerrecht, das nur durch das Proletariat und die Demokratie vollständig

---

70 Zitiert nach Vincent Duclert, Seite 239
71 L'alliance des peuples (L'Humanité, 9.7.1905), zitiert nach Jean-Pierre Rioux, Seite 251

garantiert würde. Heute ist der Friede in Europa für den menschlichen Fortschritt notwendig, der vertrauensvolle Friede zwischen Deutschland und Frankreich ist notwendig für den Frieden in Europa.)

Für Jaurès war eine Entspannung im deutsch-französischen Verhältnis immer die erste Voraussetzung für den europäischen Frieden. In seiner Lebensphilosophie konnte sich der Fortschritt der Menschheit nur in Friedenszeiten entwickeln.

In zahlreichen Reden wies Jaurès auf die Gefahren der imperialistischen Marokkopolitik hin und wurde dafür als Vaterlandsverräter und Vertreter deutscher Interessen geschmäht.

Die vom Deutschen Reich gewünschte Marokko-Konferenz fand im Frühjahr 1906 in Algeciras statt. Sie beschloss wohl die Einrichtung einiger internationalen Institutionen in Marokko, demonstrierte aber die Isolation und den Misserfolg der deutschen Politik. Eine Bindung Frankreichs an Deutschland war nicht gelungen, sondern die 'Entente Cordiale' hatte sich gefestigt. Großbritanniens mächtige Flotte sollte die Sicherung der französischen Nordseeküste übernehmen, während sich Frankreich auf den Ausbau seines Landheeres konzentrierte. Auf den britischen Vorschlag einer Beschränkung des Flottenwettrüstens wollte das Deutsche Reich nicht eingehen, da es sich in seiner Souveränität als Großmacht eingeschränkt sah.

Die Situation in Marokko war krisenhaft geblieben. Nachdem französische Truppen im April 1911 in Rabat und im Mai in Fes einmarschierten, angeblich zur Sicherung ihrer Landsleute, schickte am 1. Juli das Deutsche Reich das Kanonenboot Panther nach Agadir. Die deutsche Regierung akzeptierte den französischen Anspruch auf Marokko, erwartete aber als Ausgleichsleistung den französischen Kongo. Diese Forderung führte zur 2. Marokkokrise. Nur durch die vermittelnde Rolle des französischen Premierministers Joseph Caillaux, der im Anschluß zum Rückzug gezwungen wurde, konnte eine weitere Eskalation verhindert werden. Im Marokko-Kongo-Vertrag (4.11.1911) erkannte das Deutsche Reich das Protektorat Frankreichs über Marokko an, erhielt aber nur einen kleinen Teil von französisch Kongo (Neu-Kamerun), da Großbritannien wieder einmal die französische Position unterstützte.

Jaurès stimmte im Parlament als Sprecher der SFIO dem Vertrag zu, beklagte aber, dass Frankreich die Algeciras-Akte nicht eingehalten habe und „einen verabscheuungswürdigen Beitrag zu den universellen Verletzungen des geschworenen Eides, zur Herabwürdigung der Unterschrift und Loyalität geleistet habe."[72] Dem schlechten Beispiel folgend habe Österreich-Ungarn Bosnien-Herzegowina, Italien Tripolitanien annektiert.[73]

---

72 Zitiert nach Heinz Abosch, Seite 82
73 Ebenda

Jaurès verteidigte gegen wütende Proteste sogar die Politik des Deutschen Reiches, dieser zu spät gekommenen Großmacht: „Die deutsche Diplomatie ist nicht immer vorwurfsfrei gewesen, manchmal verriet sie in ihren Worten die Brutalität der letzten Siege, den langen Groll alter Erniedrigungen und nacheinander die schüchterne oder verletzende Ungeschicklichkeit eines Anfängers. Aber im Grunde hat sie verstanden, im wesentlichen Mäßigung zu bewahren."[74]

Als Reaktion auf die sich zuspitzende Kriegsgefahr während der 2. Marokkokrise kam es in vielen europäischen Städten zu Friedenskundgebungen.

Auch der linke Flügel der SPD forderte zu Protesten auf. So eine große Friedenskundgebung wie die am 3. September 1911 im Treptower Park in Berlin mit rund 200.000 Demonstranten hatte die Welt noch nie gesehen.

Dennoch lässt sich festhalten, dass durch die Marokkokrisen der Militarismus gestärkt wurde und die Aufrüstungsspirale sich weiter drehte. 1912 erhöhte Deutschland sein Militärbudget deutlich, in der Wehrvorlage von 1913 sollte die Heeresgröße auf rund 750.000 Mann verstärkt werden.[75]

Mit dem Gesetz zu einem dreijährigen Militärdienstes zog Frankreich nach, die nationalistische Presse beschwor immer wieder 'die deutsche Gefahr'.

---

74 Zitiert nach Heinz Abosch, Seite 83
75 Karl Erich Born: Von der Reichsgründung bis zum Ersten Weltkrieg. Gebhardt, Handbuch der deutschen Geschichte, Band 16, München 1982, Seite 257

9 Krieg dem Krieg

Krieg und Frieden war das Leitmotiv von Jaurès.

1908 veröffentlichte er ein Buch über den nun fast schon 40 Jahre zurück-liegenden französisch-deutschen Krieg (La Guerre franco-allemande 1870-1871). Als Mitglied der Armeekommission hatte er 1911 unter dem Namen 'L'Armée nouvelle' eine sechshundertseitige Studie zur Reform der Militär-politik fertiggestellt. Für ihn war die neutrale Schweiz mit ihrem Milizsys-tem vorbildlich. Nicht aus den Kasernen, sondern aus der Zivilgesellschaft sollten die Landesverteidiger kommen. Der Wehrdienst sollte nur 6 Monate dauern und überwiegend von demokratisch denkenden Ziviloffizieren ge-leitet werden.

Jaurès stand damit in der Tradition des Volksheeres der französischen Revo-lution. Alle Männer aller Klassen im Alter von 20 bis 45 Jahren verteidigen ihre Heimatregion. Er verfolgte damit zwei Ziele: Verhinderung einer offen-siven Kriegsführung, Stärkung des Abwehrpotential.

Der Internationalist und Patriot Jaurès konnte mit Karl Marx These aus dem Kommunistischen Manifest, Arbeiter hätten kein Vaterland, nichts anfan-gen.

So schrieb er in der 'Armée nouvelle': „On pourrait presque dire: un peu d'internationalisme éloigne de la patrie, beaucoup d'internationalisme y ramène. Un peu de patriotisme éloigne de l'Internationale; beaucoup de pa-triotisme y ramène."[76] (Man könnte fast sagen: wenig Internationalismus entfernt vom Vaterland, viel Internationalismus führt zurück. Wenig Patrio-tismus entfernt von der Internationale, viel Patriotismus führt zurück.)

Jaurès wandte sich vehement gegen die Ausweitung des Militärdienstes von 2 auf 3 Jahre. Die quantitative Vergrößerung des Heeres könnte nie die Stärke des deutschen Heeres erreichen, da die Bevölkerungszahl Deutsch-lands mit 65 Millionen gegen 39 Millionen in Frankreich viel höher sei. Nur die Aufrüstungsspirale würde sich weiter drehen. Ihm ging es um eine qualitative Modernisierung der Verteidigung.

Gemeinsam mit der radikalen Partei von Joseph Caillaux kämpfte Jaurès in einer viermonatigen Kampagne gegen die beabsichtigte Verabschiedung des Gesetzes der 3 Jahre. Auf einer der eindrucksvollsten pazifistischen Veran-staltung der Zeit sprachen er und andere Redner am 25. Mai 1913 in Pré-Saint-Gervais vor etwa 150.000 Teilnehmern. Zu seiner großen Enttäu-schung konnte er das Gesetz der 3 Jahre, dieses friedensbedrohende „Ver-

---

76 Jean Jaurès: Internationalisme et patriotisme, L'Armée nouvelle, Seite 467-496. Zitiert nach Jean-Pierre Rioux, Seite 273

brechen gegen die Republik und gegen Frankreich", im Parlament jedoch nicht verhindern. Das Gesetz wurde mit 358 gegen 204 Stimmen angenommen.

Wie stand Jaurès zur französischen Außenpolitik? Er begrüßte die Aufhebung der von Bismarck betriebenen Isolierung Frankreichs durch den Vertrag mit Russland (1894) und die Verständigung mit England in der 'Entente Cordiale' (1904). Er stand aber im Gegensatz zu dem revanchistischen, von der Notwendigkeit eines Krieges gegen Deutschland überzeugten Lothringer Raymond Poincaré („C'est la guerre"), der im Januar 1912 zum Regierungschef, im Januar 1913 zum Präsidenten der Republik ernannt wurde. Jaurès sprach sich grundsätzlich für einen Gewaltverzicht aus. So schlug er vor, dass Elsaß-Lothringen-Problem durch eine weitgehende Autonomie zu lösen.

In diesem Sinne äußerte sich 1913 auch die sozialistische Fraktion des Landtages von Elsaß-Lothringen in einer Resolution an die Pariser Arbeiterschaft: „Was wir fordern, ist die ehrliche Verständigung Frankreichs und Deutschlands. (…) Wie wir von der deutschen Regierung schliesslich genügend Verständnis für unser Wesen erwarten, dass sie uns die Autonomie gewährt - so erwarten wir von Frankreich, dass es Elsass-Lothringen stark genug liebt, um vorzuziehen, es als Provinz eines anderen Staates zu wissen, eher als es noch einmal zerrissen und von Leichen bedeckt zu sehen. (Und …) dass es der heilige Wille der elsass-lothringischen Proletarier ist, mit der Arbeiterschaft Deutschlands und Frankreichs zusammen gegen alle Reaktion, gegen den Krieg anzukämpfen!"[77]

Raymond Poincaré reiste 1912 ins russische Cronstadt, um das Bündnis mit dem Zaren zu stärken und Russland freie Hand auf dem Balkan zu geben. Jaurès misstraute besonders dem russischen Botschafter in Paris, Alexander Isvolski, den er als intriganten Kriegstreiber ansah. Gerade bei Russland sah er die Gefahr von Geheimverträgen.

Nach Jaurès Vorstellungen konnte das Bündnis zwischen der französischen Republik und dem zaristischen Russland, welches die Arbeiteraufstände des Jahres 1905 so blutig niedergeschlagen hatte, nur als Defensivbündnis dienen. Für zaristische Interessen oder wegen Konflikten auf dem Balkan durfte es keinen europäischen Krieg geben.

1908 hatte Österreich-Ungarn das formal noch dem Türkischen Reich unterstellte Bosnien-Herzegowina annektiert, was zu starken Spannungen mit Serbien, Russland und auch innerhalb des Vielvölkerstaats selbst führte. Diese Bosnische Annektionskrise konnte noch einmal beigelegt werden, bereitete aber den Ausbruch des 1. Weltkriegs vor.

---

77 Freie Presse (Straßburg) vom 17.3.1913. Zitiert in: Bernhard Degen, Heiko Haumann, u.a.: Gegen den Krieg, Basel 2012

Le Petit Journal vom 18.10.1908: Das Erwachen der Orientfrage

Im Oktober 1912 explodierte 'das Pulverfass'. Ein von Russland geförderter Bund aus Bulgaren, Serben, Griechen und Montenegrinern beendete die osmanische Herrschaft auf dem Balkan. Der extrem grausame und mit modernen Massenvernichtungswaffen geführte Krieg schreckte die Pazifisten der 2. Internationale auf. Das Brüsseler sozialistische Büro (BSI) unternahm umgehend außergewöhnliche Maßnahmen. Schon am 17. November fanden in 43 europäischen Städten Friedenskundgebungen mit jeweils auch ausländischen Rednern statt. Allein in Paris beteiligten sich 100.000 Personen.
In der Beilage zum 'Lübecker Volksboten'[78] vom 19. November 1912 wurde unter der Überschrift „Das internationale Proletariat gegen den Krieg" ausführlich über die Reden berichtet. Der Berliner Polizeipräsident Traugott von Jagow hatte den englischen und französischen Abgesandten verboten, in ihrer Muttersprache zu reden. Während 1905 Reichskanzler Bernhard

---

78 Der bekannteste Chefredakteur (1921-1933) des Lübecker Volksboten war der aus Biesheim im Elsaß stammende Julius Leber.

von Bülow den Auftritt von Jaurès in dem Saal der 'Neuen Welt' noch verhinderte, trat er jetzt auch in Preußen öffentlich auf.
„ Nun erhob sich Jaurès, von den Jubelrufen vieler Tausender begrüßt, zu seiner Rede. Mit einer markigen, den ganzen Saal durchdringenden Stimme verkündete er in einem für einen Franzosen überraschend klarem Deutsch der Versammlung die Botschaft von der Brüderlichkeit und den gemeinsamen großen Zielen des Proletariats aller Ländern." Er wies darauf hin, dass die Herrschenden „mit dem Feuer eines Weltkrieges" spielten. Er kritisierte nicht nur den Despotismus der Türkei auf dem Balkan, sondern auch die rücksichtslose Haltung Österreichs gegenüber der slawischen Bevölkerung. Seine Rede beendete er mit der Aufforderung, „ die Arbeiter aller Länder hätten die Aufgabe, den Kabinetten ein drohendes Halt entgegenzurufen, getreu der Losung des Proletariats: Friede dem Volke, Krieg dem Krieg!"
Die zweite Rede hielt Jaurès in Kellers Festsälen, dem größten Saal im Osten Berlins. „Den Beifall, den die Tausende der Rede des Genossen Jaurès spendeten, zeigte, wie sehr es ihm gelungen, das Herz der deutschen Zuhörer zu packen."
Rund 100.000 Personen hatten sich in Pré-Saint-Gervais bei Paris versammelt. Auch die dort vom SPD-Vorstandmitglied Philipp Scheidemann gehaltene Rede gab der 'Lübecker Volksbote' ausführlich wieder.
Einleitend weist er auf das besondere Verhältnis der beiden Länder hin.
„Zwischen uns aber, Franzosen und Deutschen, liegt Dank der Schuld der herrschenden Klassen auch heute noch der dunkle Schatten verjährter Blutschuld. Der Frieden, in dem wir seit 40 Jahren leben, hat uns beiderseits die furchtbarsten Rüstungen aufgebürdet, war ein Zustand des gegenseitigen Mißtrauens, war ein gegenseitiges ängstliches Beobachten mit der Flinte in der Hand. (…) Dieser 40jährige 'Frieden' war ein Zustand gegen alle Forderungen der Vernunft und der geschichtlichen Notwendigkeit. (...) Frankreichs und Deutschlands Situation im nahen Osten ist nahezu vollständig die gleiche. Frankreich und Deutschland können dort unten nur wirtschaftliche, keine territoriale Interessen verfolgen. (…) Weil Serbien an der Adria einen Hafen haben will, dem ihm Österreich nicht gönnt, droht Österreich Serbien mit Krieg. Serbien aber ist mit Rußland verbündet, und es entsteht die Gefahr, daß Rußland einen Angriff Österreichs auf Serbien beantwortet. Nun verpflichtet der Dreibundvertrag Deutschland, Österreich für den Fall, daß es von Rußland angegriffen wird , zu Hilfe zu kommen. (…) (Jetzt) wäre aber der Bündnisfall für Frankreich gegeben. (…) Kann man sich etwas Wahnwitzigeres denken? Deutsche und Franzosen sollen einander die Hälse abschneiden. (…) Wie Oesterreich pfeift, soll Deutschland marschieren; wenn Rußland kommandiert, soll Frankreich marschieren."
Philipp Scheidemann schloss seine die Zukunft voraussahende Rede mit

dem Aufruf: „Die deutschen Arbeiter (…) wollen nicht auf Euch schießen, Sie wollen Euch vielmehr als Freunde und Bundesgenossen begrüßen! Lasst uns gemeinsam in den Kampf ziehen: Für den Fortschritt des Menschengeschlechts! Für die Freiheit der Arbeit! Für den Frieden der Welt!"[79] Das BSI empfahl den außerordentlichen Friedenskongreß in der neutralen Schweiz zu planen; die gut vernetzte Sozialdemokratische Partei Basel erhielt den Zuschlag. Der Basler Kirchenvorstand stellte sogar das Münster für die Friedenskundgebung zur Verfügung „in der Voraussetzung, dass die Würde des Ortes sowohl durch die Redner als auch durch die Versammlung durchaus gewahrt würde." [80] Der Vorstand hatte sich einstimmig dafür ausgesprochen, „weil bei diesem Kongreß christliche Grundsätze und Ideen proklamiert werden sollen, darum begrüßen wir auch mit wahrer Sympathie die Männer, die zum Teil aus weiter Ferne zu uns hergereist sind."[81]

Am 24. und 25. November tagten 555 Delegierte aus 23 Ländern unter der der Parole Krieg dem Krieg (guerre à la guerre). Von den 10 bis 20.000 Teilnehmern der sonntäglichen Friedenskundgebung fanden nur 5.000 Platz im Münster. Hauptredner in der mit vielen Fahnen geschmückten Kirche waren Hugo Haase, der den gesundheitlich angeschlagenen 72jährigen Bebel vertrat, der Brite James Keir Hardie, der Schweizer Hermann Greulich, der Bulgare Janko Sakasow, der Österreicher Victor Adler und der Pole Ignacy Daszynski. Höhepunkt der Veranstaltung war der Auftritt von Jaurès.

„Mit seiner klangvollen Stimme und im prächtigen Französisch elektrisierte er die Versammlung geradezu. Lebhafter sei wohl noch nie auf der Münsterkanzel gestikuliert worden, meinte der Berichterstatter der 'Basel Nachrichten'."[82]

Inspiriert von Schillers „Lied an die Glocke" appellierte der von der Situation tief bewegte Rhetoriker an die 'Lebenden'. „Nous avons été reçus dans cette église, au son des cloches qui me parut, tout à l'heure, comme un appel à la réconciliation générale. Il me rappela l'inscription que Schiller a gravée sur la cloche symbolique: vivos voco, mortuos plago, fulgura frango. Vivos voco: j'appelle les vivants pour qu'ils se défendent contre le monstre qui apparaît à l'horizon. Mortuos plango: je pleure les morts innombrables couchés là-bas, vers l'Orient, et dont la puanteur arrive jusqu'à nous comme

---

79 Bei der Rede des Abgeordneten Ludwig Frank fand besonders folgender Satz viel Beifall. „ Wir brauchen keinen Dreibund, keine Tripleentente, sondern einen Zweibund von Demokratie und Sozialismus."
80 Basler Vorwärts vom 15.11.1912. Zitiert nach Bernhard Degen, Heiko Haumann, u.a., Seite 15
81 Zitiert nach Julius Braunthal, Seite 351
82 Ebenda, Seite 38 (Siehe Umschlagseite vorne.)

un remords. Fulgura frago: je brisai les foudres de la guerre qui menacent dans les nuées."[83] (Wir wurden in dieser Kirche mit einem Glockengeläut empfangen, das mir wie ein allgemeiner Appell zur Versöhnung erschien. Es erinnerte mich an die Inschrift von Schiller, die er symbolisch in die Glocke eingravierte:Vivos voco: ich rufe die Lebenden, damit sie sich gegen das am Horizont erscheinende Ungeheuer verteidigen. Mortuos plango: ich beweine die unzähligen im Osten gefallenen Toten, deren Gestank wie ein Gewissensbiss bis zu uns kommt. Fulgura frago: ich breche die Blitze des Krieges, die in den Wolken drohen.)

Jaurés warnte vor der Katastrophe eines lang andauernden europäischen Kriegs „mit Massen von Menschen, die in schrecklicher Weise von Krankheit, Verzweiflung und Elend und durch die Verwüstungen endloser Bombardements zugrunde gehen werden."[84] Das kriegerische 20. Jahrhundert voraussehend meinte der Redner, dass dieser Krieg nicht Frieden bringen, sondern nur den Hass steigern und alle zu Verlieren machen würde.

Schließlich beschwor er eindringlich die Erhaltung des Friedens.

Die nach dieser Rede herrschende Ergriffenheit und Jaurès' Optimismus verdeckten die Tatsache, dass sich die Großmächte wenig von wohlmeinenden Erklärungen einschüchtern ließen.

Am nächsten Tag wurde das umfangreiche Manifest von Jaurès, Victor Adler und James Keir Hardie in den jeweiligen Sprachen verlesen, erläutert und einstimmig angenommen. Es bekräftigte noch einmal die Beschlüsse von Stuttgart und Kopenhagen. Die Großmächte wurden vor einer Revolution gewarnt, die sich aus einem von ihnen entfesseltem Krieg entwickeln könnte.

„Die wichtigste Aufgabe innerhalb der Aktion der Internationale fällt aber der Arbeiterklasse Deutschlands, Frankreichs und Englands zu. (...) (Sie sollen) von ihren Regierungen verlangen, dass sie sowohl Österreich-Ungarn, als auch Russland jede Unterstützung verweigern, sich jeder Einmengung in die Balkanwirren enthalten und unbedingte Neutralität bewahren.[85]

Diese Aufgabe traf in der Tat einen entscheidenden Punkt. Es waren gerade die 'Blankoschecks' von Deutschland an Österreich und von Frankreich an Russland, die den 1. Weltkrieg erst möglich gemacht haben.

Im letzten Absatz des Manifests wurden die Sozialisten aller Länder aufgefordert, alle Mittel gegen einen Kriegsausbruch zu nutzen. Diese allgemeinen Aufforderung zeigten das eigentlich Versagen der Internationale, denn es wurde versäumt, einen verbindlichen und konkreten Aktionsplan zu beschließen. Die in Europa auf große Resonanz stoßende Basler Friedenskon-

---

83 Zitiert nach Vincent Duclert, Seite 242
84 Heinz Abosch, Seite 101
85 Bernhard Degen, Heiko Haumann, u.a., Seite 179

ferenz sollte das letzte Treffen der 2. Internationale sein.[86]
Jaurès zeigte sich in einem Rückblick über den Kongreß in der 'Dépêche de Toulouse' verhalten optimistisch: „Mais il est permis d'éspérer que nous échapperons à cette crise." [87](Aber es ist erlaubt zu hoffen, dass wir dieser Krise entkommen.)
Skeptischer war die Einschätzung des Wiener Arbeiterführers Victor Adler. Er sah das riesige Konfliktpotential in dem zerbrechlichen Vielvölkerstaat.[88] Schon in seiner Rede hatte er ernüchtert darauf hingewiesen, wie wenig Einfluss die Sozialdemokratie auf die Entscheidung über Krieg und Frieden tatsächlich hätte.

Der erste Balkankrieg konnte durch den Londoner Frieden im Mai 1913, der zweite Balkankrieg durch den Bukarester Frieden im August 1913 beendet werden. Man schien dem Wahnsinn eines großen europäischen Krieges noch einmal entkommen zu sein.

Nach dem Basler Kongreß bemühte sich besonders der badische sozialdemokratische Reichstagsabgeordnete Ludwig Frank um die deutsch-französische Verständigung. Er war als eigenständig Handelnder in der SPD angeeckt, als er, wie zuerst Georg von Vollmar in Bayern (1891), 1908 dem Landeshaushalt zustimmte und 1907 sogar am Begräbnis von Großherzog Friedrich I. teilgenommen hatte! Das alles brachte ihm herbe Kritik von August Bebel und besonders von Rosa Luxemburg ein. Die von ihm nach belgischem Vorbild organisierte Arbeiterjugendbewegung in Süddeutschland wurde hier 1908 wie in Preußen verboten und musste aufgelöst werden.

Alarmiert durch die Aufrüstungsdebatten in Frankreich und im Deutschen Reich wandte sich Ludwig Frank im Frühjahr an Schweizer Genossen, eine Verständigungskonferenz für Deutsche und Franzosen zu organisieren. 180 Parlamentarier fanden sich am 11. und 12. Mai 1913 in Bern ein, darunter sogar der gesundheitlich schon sehr geschwächte August Bebel.[89] Die große französische Gruppe von 121 Parlamentariern leitete Jaurès und der

---

86 Wladimir Lenin, Gegner von Jaurès, hat in seinem Text „Der Opportunismus und das Scheitern der 2. Internationale" (1915) die Basler Resolution zerrissen. Er sieht in dem Patriotismus der Teilnehmer und der Unfähigkeit, zwischen Angriffs- und Verteidigungskrieg zu unterscheiden,eine Unterstützung der Bourgeoisie und somit auch des Krieges. Siehe Le Monde. Jean Jaurès, Un prophète socialiste, März/April 2014, Seite 75
87 Zitiert nach Bernhard Degen, Heiko Haumann, u.a., Seite 235
88 Die österreichische Regierung verhinderte sogar für einige Zeit die Veröffentlichung des Basler Manifests wegen Hochverrats.
89 August Bebel starb am 13. August 1913.

Friedensnobelpreisträger Paul Henri d'Estournelles de Constant.
Man forderte, das Wettrüsten einzustellen und Streitigkeiten unter den Ländern durch das Haager Schiedsgericht schlichten zu lassen. Ein ständiges Komitee wurde eingerichtet, um zu regelmäßigen Konsultationen einzuladen.
Auf dem Folgetreffen in Basel am 30. Mai 1914 plante man zeitgleich in beiden Ländern interparlamentarische Verständigungstreffen durchzuführen.
Diese zukunftsweisenden Vereinbarungen konnten wegen des überraschenden Kriegsausbruchs nie realisiert werden.

Mülhauser Volkszeitung vom 26.11.1912: Bericht über den Basler Kongreß

9 Vergebliche Hoffnung: die letzten Tage

Anfang 1914 war nicht vorauszusehen, dass noch in diesem Jahr ein Weltkrieg ausbrechen würde. Die Kleinstaaterei nach dem Wiener Kongreß (1815) war überwunden, Italien hatte sich 1861, (Klein-) Deutschland 1871 in Versailles geeint. Wilhelm II., Nikolaus II. und Georg V. waren Enkel der 'europäischen Großmutter' Queen Victoria. Seit 1871 hatte in Zentraleuropa Frieden geherrscht, was besonders dem Deutschen Reich einen rasanten wirtschaftlichen Aufschwung ermöglichte. Nach der Niederlage des Osmanischen Reiches und dem Ende des 2. Balkankrieges durch das Abkommen von Bukarest im August 1913 hatte sich die Lage in dieser Region beruhigt. Die deutsch-britische Annäherung zeigte sich auch bei dem gefeierten Besuch eines britischen Geschwaders im Juni 1914 auf der Kieler Woche.[90]

Selbst die sogenannte Zabern-Affäre im Herbst 1913, die sich aus der Verwendung des Schimpfwortes „Wackes" für elsässische Wehrpflichtige durch den 20jährigen, überheblichen preußischen Leutnant Günter Freiherr von Forstner und das selbstherrliche, ungesetzliche Auftreten des preußischen Militärs in Zabern entwickelt hatte, war beendet.

Die SPD mit über einer Million Parteimitgliedern hatte in den Reichstagswahlen 1912 trotz gravierender Benachteiligung durch die ungleiche Aufteilung der Wahlkreise mit 4.250.329 Wählern (34,8%) und 110 Abgeordneten einen großen Sieg errungen. Auch die SFIO, 90.000 Mitglieder stark, erreichte bei der Parlamentswahl mit 1.397.337 Wählern und 101 Abgeordneten ihr bestes Ergebnis.[91] Im Juni bildete der langjährige sozialistische Weggefährte Jaurès', René Viviani, eine neue Regierung. Wie die parlamentarische Linke wollte auch er den dreijährigen Militärdienst rückgängig machen.

In diesem Sommer hätte es sogar die Chance gegeben, unter dem Führer der Radikalen Partei und Finanzexperten Joseph Caillaux eine neue Linksregierung zu bilden, als deren Außenminister Jaurès im Gespräch war. Die tödlichen Pistolenschüsse von Madame Caillaux auf den Herausgeber des 'Figaros', Gaston Calmette, der täglich in seiner Zeitung boshafte Artikel gegen Joseph Caillaux veröffentlichte und auch die Liebesbriefe seiner Frau abdrucken wollte, ließen während des laufenden Prozesses keine Regierungsbildung zu.

Nicht das Attentat gegen den österreichischen Thronfolger im fernen Sara-

---

90 Beim Auslaufen des Geschwaders am 29.6. wurde folgendes Flaggensignal gesetzt: Friends today, friends in future, friends for ever!

91 Julius Braunthal, Seite 358

jewo, die Berichterstattung über diesen Skandal beherrschte die französische Öffentlichkeit bis zum 28. Juli, dem Tag des Freispruchs der Mörderin. Nur durch eine Reihe unglaublicher Zufälle konnte der in Belgrad studierende Bosnier Gavrilo Princip mit Hilfe des serbischen Geheimdienstes am 28. Juni 1914 den österreichischen Thronfolger Franz Ferdinand und seine Frau bei einem Besuch in Sarajewo erschießen.

Dass sich aus einem Attentat, - Anschläge waren auf dem Balkan nichts Seltenes, - ein Weltkrieg entwickeln würde, hatte im Sommer 1914 niemand erwartet.

Wer es sich leisten konnte, begann seinen geplanten sommerlichen Ferien- oder Kuraufenthalt. Selbst der deutsche Kaiser war vom 6. bis 25. Juli, wie jedes Jahr, auf einer Nordlandkreuzfahrt. Er hatte aber vor seiner Abreise den Reichskanzler Bethmann Hollweg ermächtigt, Österreich-Ungarn freie Hand („Blankoscheck") gegenüber Serbien zu geben.

Diese verhängnisvolle Zusage machte der Kanzler gegenüber dem österreichischen Botschafter in Berlin, der seinem Außenminister Berchthold am 6. Juli telegraphierte: „Wie auch immer unsere Entscheidungen ausfallen möge - mit Sicherheit (können wir) darauf rechnen, dass Deutschland als Bundesgenosse und Freund der Monarchie hinter ihr steht,(...) (und dass der) kaiserliche Herr ein sofortiges Einschreiten unsererseits gegen Serbien als radikalste und beste Lösung unserer Schwierigkeiten am Balkan ansieht."[92]

Der französische Präsident Raymond Poincaré und der Regierungschef René Viviani brachen am 16. Juli von Le Havre zum Staatsbesuch beim Zaren in Cronstadt auf. René Viviani hielt dieses Treffen für vollkommen überflüssig und misstraute dem nationalistischen Präsidenten.[93]

Der Historiker Christopher Clark betont, dass die serbische Frage bei den Gesprächen mit dem Zaren einen übergeordneten Platz eingenommen habe. [94] Der in außenpolitischen Fragen unerfahrene René Viviani erlitt am 22. Juli, an dem Tag war ein möglicher Krieg das Hauptthema, einen Nervenzusammenbruch. Christopher Clark hält es für wahrscheinlich, „dass Viviani, ein überzeugter Pazifist, bestürzt war über die immer aggressiver werdende kriegerische Stimmung bei den französisch-russischen Zusammenkünften."[95] Für Raymond Poincaré und auch den germanophoben französischen Botschafter in St. Petersburg, Maurice Paléologue, war das Bündnis mit Russland von zentraler Bedeutung. Vor dem Abschied am 23. Juli er-

92 Telegramm Nr. 239, zitiert nach Gerd Krumeich, Juli 1914, Eine Bilanz , Paderborn 2014, Seite 224
93 Gerd Krumeich, Seite 88
94 Christopher Clark, Die Schlafwandler, München 2013, Seite 568
95 Ebenda, Seite 572

mahnte Raymond Poincaré den Zaren:„Diesmal müssen wir hart bleiben."
[96]

Wie reagierte Jaurès auf das Attentat von Sarajewo? Er appellierte an die französischen und deutschen Sozialisten, auf ihre Regierungen mäßigend zu wirken, aber an eine akute Kriegsgefahr glaubte er nicht. Im Parlament lehnte Jaurès die Finanzierung der Russlandreise von Raymond Poincaré und René Viviani ab. Er befürchtete eine Unterstützung der aggressiven russischen Haltung und die Einengung der französischen Handlungsfreiheit. In den vom Zerfall bedrohten Monarchien Österreich-Ungarn und Russland sah er die größten Kriegstreiber. [97] Auf dem außerordentlichen Kongreß der französischen Sozialisten am 14. Juli in Paris beschäftigte man sich ganz allgemein mit Fragen der Kriegsverhütung, aber nicht mit den konkreten Folgen des Attentats von Sarajewo. Wieder stand die Frage des gleichzeitigen und internationalen Generalstreiks im Mittelpunkt, wobei Jaurès dafür plädierte, dieses stärkste Mittel schon in der Phase der Kriegsvorbereitung anzuwenden. In den folgenden Tagen stand 'Herr Jaurès' im Mittelpunkt von hasserfüllten Kommentaren der gesamten rechten Presse. Erst das Ultimatum der Donaumonarchie an Serbien am 23. Juli schreckte die sozialistische Bewegung auf und ließ auch Jaurès das Schlimmste fürchten: „Der Schritt Österreich-Ungarns war so brutal, so schändlich, daß er alles andere hat vergessen lassen und die Verantwortung der habsburgischen Monarchie ganz allein in grellem Licht erschienen ist."[98] Am 25. Juli sprach er anlässlich einer Nachwahl in Vaise (bei Lyon) über die verheerenden Folgen eines europäischen Krieges: „Ce ne serait plus, comme dans les Balkans, une armée de trois cent mille hommes, mais quatre, cinq et six armées de deux millions d'hommes. Quel massacre, quelles ruines, quelle barbarie!"[99] (Das wird nicht mehr wie auf dem Balkan eine Armee von dreihunderttausend Menschen sein, sondern vier, fünf oder sechs Armeen von jeweils zwei Millionen Menschen. Welches Massaker, welche Ruinen, welche Barbarei.) „Il n'y a plus (…) qu'une chance, pour le maintien de la paix et le salut de la civilisation, c'est que le proléariat rassemble toutes ses forces qui comptent un grand nombres de frères, Français, Anglais, Allemands, Italiens, Russes et que nous demandions à ces milliers d'hommes de s'unir pour que le battement unanime de leurs coeurs écarte l'horrible cauchmar."[100] (Es gibt nur eine Chance, um den Frieden und die kulturellen

---

96 Ebenda, Seite 577
97 Siehe Heinz Abosch, Seite 118
98 Ebenda, Seite 119
99 Zitiert nach: Le Monde, Seite 52
100 Ebenda, Seite 53

Werte zu bewahren, das Proletariat muss alle seine Kräfte sammeln. Wir sind eine große Zahl von französischen, englischen, deutschen, italienischen russischen Brüdern. Und wir verlangen von den Tausenden von Menschen sich zu vereinen, so dass der einstimmige Kampf ihrer Herzen den schrecklichen Albtraum besiegt.")

Jaurès verwies auf den 'Vorwärts', dass sich auch die deutschen Sozialisten über die österreichische Note empört hätten.[101] Immer noch hoffte er auf eine Lokalisierung der österreichisch-serbischen Krise.

Was die Verantwortlichen von Österreich-Ungarn, Serbien, Russland und Deutschland bereits entschieden hatten und was in den Kriegsministerien beraten wurde, konnte Jaurès nicht wissen. Hätten die Politiker und Generäle auf die Warnungen und Voraussagen von Jaurès gehört, wären sie später über die nie erwartete und unvorstellbare Höhe der Opfer und über die lange Dauer des Krieges nicht so vollkommen überrascht gewesen.

Am 26. Juli übergab der serbische Premierminister wenige Minuten vor Ablauf des 48stündigen Ultimatums die Antwort seiner Regierung an den österreichischen Botschafter in Belgrad. Bis auf die in Punkt 5 und 6 verlangte Einschränkung der serbischen Souveränität durch österreichische Untersuchungen in Serbien waren alle Forderungen akzeptiert worden.

Als der von seiner Nordlandreise zurückgekehrte deutsche Kaiser die "brillante" serbische Antwort am Morgen des 28. Juli endlich zu sehen bekam, ist für ihn „jeder Grund für einen Krieg" entfallen.[102] „Daraufhin hätte ich niemals eine Mobilmachung befohlen."[103] Der Kanzler Bethmann Hollweg ließ die Antwort des Kaiser erst am Abend nach Wien schicken, unter Weglassung der Worte, dass jeder Grund zum Krieg entfallen sei. Der fast 84-jährige österreichische Kaiser Franz Josef hatte aber bereits am Morgen die Kriegserklärung an Serbien unterschrieben, obwohl die Armee wegen des Ernteeinsatzes vieler Soldaten gar nicht einsatzbereit war!

Wahrscheinlich hätte bis zum 29. Juli eine aktive Friedenspolitik eines der Verantwortlichen den Ausbruch des europäischen Krieges noch verhindern können.

Nachdem der russische Zar Nikolaus II. am Abend des 30. Juli nach langem Zögern die Teilmobilmachung zu einer Generalmobilmachung ausgeweitet hatte und die russische Regierung auf das deutsche Ultimatum zur Rücknahme nicht reagierte, nahm das Verhängnis seinen Lauf. Unter dem Druck des Generalstabschefs Helmut von Moltke und der Heeresleitung, die alle nur auf den Schlieffenplan im Falle eines Zweifrontenkrieg fixiert waren und panische Angst vor einem Mobilisierungsrückstand hatten, erklärte die

---

101Ebenda, Seite 53
102Gerd Krumeich, Seite 131
103Ebenda Seite 131

nervöse, überforderte und schlecht informierte deutsche Regierung am 1. August Russland den Krieg.

Unter dem Eindruck der wachsenden Kriegsgefahr hatte das BSI für den 28. und 29. Juli eine Sondersitzung einberufen. Jaurès fühlte sich auf der Zugfahrt von Paris nach Brüssel körperlich erschöpft und hing depressiven Gedanken nach. (Le sens de la vie?) In der belgischen Hauptstadt traf er zum letzten Mal auf langjährige Mitstreiter der 2. Internationale: den belgischen Vorsitzenden Vandervelde, Guesde, Vaillant, Sembat und Longuet aus Frankreich, Kautsky, Haase und Luxemburg aus Deutschland, Adler und Nemeç aus Österreich-Ungarn, Keit Hardie aus Großbritannien und Vertreter weiterer Länder.

Aufruf.

Noch dampfen die Äcker auf dem Balkan von dem Blute der nach Tausenden Hingemordeten, noch rauchen die Trümmer verheerter Städte, verwüsteter Dörfer, noch irren hungernd arbeitslose Männer, verwitwete Frauen und verwaiste Kinder durchs Land, und schon wieder schickt sich die vom österreichischen Imperialismus entfesselte Kriegsfurie an, Tod und Verderben über ganz Europa zu bringen.

Verurteilen wir auch das Treiben der großserbischen Nationalisten, so fordert doch die frivole Kriegsprovokation der österreichisch-ungarischen Regierung den schärfsten Protest heraus. Sind doch die Forderungen dieser Regierung so brutal, wie sie in der Weltgeschichte noch nie an einen selbständigen Staat gestellt sind, und können sie doch nur darauf berechnet sein, den Krieg geradezu zu provozieren.

Das klassenbewußte Proletariat Deutschlands erhebt im Namen der Menschlichkeit und der Kultur flammenden Protest gegen dies verbrecherische Treiben der Kriegshetzer. Es fordert gebieterisch von der deutschen Regierung, daß sie ihren Einfluß auf die österreichische Regierung zur Aufrechterhaltung des Friedens ausübe und, falls der schändliche Krieg nicht zu verhindern sein sollte, sich jeder kriegerischen Einmischung enthalte. Kein Tropfen Blut eines deutschen Soldaten darf dem Machtkitzel der österreichischen Gewalthaber und den imperialistischen Profitinteressen geopfert werden. Parteigenossen! Wir fordern Euch auf, sofort in Massenversammlungen den unerschütterlichen Friedenswillen des klassenbewußten Proletariats zum Ausdruck zu bringen. Eine ernste Stunde ist gekommen, ernster als irgendeine der letzten Jahrzehnte. Gefahr ist im Verzuge! Der Weltkrieg droht! Die herrschenden Klassen, die Euch im Frieden knebeln, verachten, ausnützen, wollen Euch als Kanonenfutter mißbrauchen. Überall muß den Gewalthabern in die Ohren klingen:

Wir wollen keinen Krieg!
Nieder mit dem Kriege!
Hoch die internationale Völkerverbrüderung!
Berlin, den 25. Juli 1914. Der Parteivorstand.

Der Beginn des Weltkrieges?

Mülhauser Volkszeitung vom 27.7.1914: Aufruf des SPD-Vorstandes

Der deprimierte Victor Adler berichtete über die Unmöglichkeit, noch etwas zu unternehmen: "Erwartet von uns keine Aktion mehr! Wir sind im Kriegszustand, unsere Presse ist unterdrückt. Wir haben den Ausnahmezustand und das Kriegsrecht im Hintergrund."[104]Und Anton Němec aus Prag ergänzte: „Das Parlament ist ausgeschaltet. Die Versammlungen sind verboten. Wer der Mobilisierung Widerstand leistet, wird aufgehängt."[105]

Ganz anders fällt der Bericht des SPD-Parteivorsitzenden Hugo Haase aus. Er ist noch beeindruckt von den großen Antikriegsdemonstrationen, zu denen der SPD-Vorstand am 25. Juli aufgerufen hatte. In Berlin hatten sich über 100.000 Teilnehmer beteiligt, in Deutschland insgesamt etwa 750.000. Auch die SPD-nahe 'Mülhauser Volkszeitung' aus dem Elsaß berichtete am 30. Juli, „es waren wenigstens 6.000 Friedensmanifestanten beiderlei Geschlechts und aus allen Schichten der Bevölkerung" in der neuen Markthalle. Der 'überwachende Polizeikommissar' ließ schließlich die Versammlung mit folgender Begründung auflösen: „Er könne es nicht dulden, dass hier 'nieder mit dem Krieg' gerufen werde."

Jaurès wurde in dem mit 8.000 Zuhörern überfüllten Cirque-Royal-Saal in Brüssel mit begeisterten Rufen empfangen: 'Vive Jaurès, vive la France, vive la République'. In seiner letzten großen Rede analysierte er die Situation und kritisierte heftig das Versagen der Diplomatie. Aber er vertraute der Friedfertigkeit der Regierung Viviani, forderte daher nur von ihr, mehr Druck auf Russland auszuüben.

Der Philosoph drückte seine Hoffnung aus, dass ein so sinnloser Krieg im zivilisierten Europa nicht mehr möglich sein kann:

„Quand vingt siècle de christianisme ont passé sur les peuples, quand depuis cent ans ont triomphé les principes des droits de l'homme, est-il possible que des millions d'hommes, sans savoir pourquoi, sans que les dirigeants le sachent, s'entre-déchirent sans se haïr?"[106] (Wenn zwanzig Jahrhunderte Christentum die Völker geprägt haben , wenn seit hundert Jahren die Prinzipien der Menschenrechte triumphiert haben, ist es dann möglich, dass Millionen Männer, ohne zu wissen warum, ohne dass die Führer es wissen, sich gegenseitig zerreißen, ohne sich zu hassen?)

Auch auf sein gleichbleibendes Bemühen der Verbesserung des französischdeutschen Verhältnisses kam er zu sprechen. „Je n'ai jamais hésité à assurer sur ma tête la haine de nos chauvins par ma volonté obstinée et qui ne faiblira jamais d'un rapprochement franco-allemand."[107] (Ich habe niemals gezögert den Hass der Chauvinisten auf mein Haupt zu nehmen für meinen

---

104Julius Braunthal, Seite 359
105Ebenda, Seite 359
106Max Gallo, Seite 575
107Ebenda, Seite 575

starrköpfigen Willen, nie schwach zu werden in meinem Bemühen um eine französisch-deutsche Annäherung.) Am Ende seiner Rede sollen sich alle Zuhörer im Saal applaudierend erhoben und ihre Hüte und Taschentücher geschwenkt haben.

Die Schwäche des BSI zeigte sich darin, dass selbst in dieser bedrohlichen Lage keine sofortigen, konkreten Aktionen, die das Büro für die Mitgliederparteien hätte koordinieren sollen, beschlossen wurden.

Dagegen einigte man sich nur darauf, den für den 24. August vorgesehenen Kongreß der Internationale in Wien auf den 9. August in Paris vorzuziehen.

Am 30. Juli um 13.01 Uhr reiste die französische Gruppe zurück nach Paris und erfuhr bei Ankunft um 17.15 Uhr im Gare du Nord von der russischen Teilmobilmachung.[108]

Nachdem Jaurès die Pariser Sozialisten über die Ergebnisse des Brüsseler Treffens informiert hatte, wurde er um 20 Uhr als Leiter einer Delegation vom Ministerpräsidenten René Viviani empfangen. Jaurès forderte nochmals, die britischen Vermittlungsbemühungen zu unterstützen. Die Abgeordneten waren mit der Aussage des Regierungschefs zufrieden, dass französische Soldaten sich nur bis auf 10 km der deutschen Grenze nähern dürften. Er sicherte auch zu, auf die im Carnet B vorgesehene Verhaftung von militanten Gewerkschaftlern und Anarchisten zu verzichten.

Allerdings erhielt Jaurès nicht die Information des russischen Botschafters in Paris, Alexander Isvolski, dass Russland auf den Krieg zusteuere und der französische Botschafter in St. Petersburg die unbedingte Bündnistreue Frankreichs zugesichert hatte.[109]

Durch diese selektive Information wurde nach Meinung des Historikers Max Gallo Jaurès erfolgreich 'neutralisiert'.[110]

Jaurès begab sich in sein Büro bei der 'Humanité', wo bereits eine Gewerkschaftsabordnung (CGT) auf ihn wartete. Die antimilitaristischen Gewerkschaftsführer, die schon in zahlreichen französischen Städten Manifestationen gegen den Krieg organisiert hatten, planten für den 2. August eine weitere Großveranstaltung in Paris. Um in der augenblicklichen Situation keine Panik aufkommen zu lassen, überredete der Arbeiterführer die Vertreter, erst am 9. August, dem Eröffnungstag des geplanten Kongresses der Internationale, die Massenveranstaltung durchzuführen.

108Dass gegen 16 Uhr der Zar die für die deutsche Reaktion entscheidende Generalmobilmachung akzeptiert hatte, hielt der französische Botschafter Maurice Paléologue zurück, um den Bündnispartner Frankreich vor vollendete Tatsachen zu stellen. Siehe Max Gallo, Seite 576
109Max Gallo, Seite 577
110Ebenda

Zweifellos ist dies eine Fehlentscheidung gewesen. Wie viele Zeitgenossen unterschätzte Jaurès die rasend schnelle Eskalation der Krise. Auch sein Vertrauen in die Friedensaktivitäten der Regierung stellte sich als Illusion heraus.[111]

Am 31. Juli erklärte das Deutsche Reich als Reaktion auf die allgemeine russische Mobilmachung am Vortag den „Zustand der drohenden Kriegsgefahr", die Vorstufe der Generalmobilmachung. An Russland und Frankreich wurden Ultimaten versandt, die eine Rücknahme der allgemeinen Mobilisierung bzw. die Zusicherung der französischen Neutralität im Falle eines deutsch-russischen Konfliktes verlangten.

Der 31. Juli 1914 sollte für Jaurès zum entscheidenden Tag werden. In der 'Humanité' erschien sein letzter Artikel unter der Schlagzeile 'sang-froid nécessaire.' (Kaltblütigkeit ist notwendig.) Der Chefredakteur beschrieb die herrschende Nervösität, Angst und Unsicherheit, gegen die nur eiserne Nerven und eine klare und ruhige Vernunft helfen könnten. „Le péril est grand, mais il n'est pas invincible si nous gardons la clarté de l'ésprit."[112](Die Gefahr ist groß, aber sie ist nicht unbesiegbar, wenn wir einen wachen Verstand bewahren.)

Nachdem sich Jaurès tagsüber im Parlament aufgehalten hatte, ging er in Begleitung von vier Abgeordneten um 18.40 Uhr in den Regierungssitz am Quai d'Orsay, wo er von dem Unterstaatssekretär Abel Ferry empfangen wurde, da der Ministerpräsident gerade das Ultimatum des deutschen Botschafters erhielt. Jaurès beklagte nochmals die Untätigkeit der französischen Regierung gegenüber der auf Konfrontation ausgerichteten russischen Haltung. [113] Abel Ferry fragte Jaurès, was die Sozialisten in einem Konfliktfall tun würden. Jaurès klare Antwort: „ Nous continuerons notre campagne contre la guerre."[114] (Wir werden unsere Kampagne gegen den Krieg weiter führen.) Daraufhin entgegnete ihm Abel Ferry: „ Non, vous n'oserez pas, car vous serez tué au premier coin de rue."[115] (Nein, wagen Sie es nicht, Sie würden an der nächsten Straßenecke getötet.) Empört gab Jaurès zurück, dass wir die Wahrheit dem Volk zuschreien werden: „Vous êtes victimes d'Isvolsky (l'ambassadeur russe) et d'une intrigue russe: nous

---

111 Madame Poincaré soll vor Zeugen gesagt haben: „Ce qu'il faudrait, c'est une bonne guerre et la suppression de Jaurès."(Was nötig wäre, ist eine guter Krieg und die Beseitigung von Jaurès.) Zitiert nach Max Gallo, Seite 583
112 Zitiert nach Le Monde, Seite 55
113 Vincent Duclert, Seite 246
114 Ebenda, Seite 247
115 Ebenda

allons vous dénoncer, ministre à la tête légère, dussions-nous être fusillés,"[116] (Sie sind die Opfer von Isvolsky (russischer Botschafter) und einer russischen Intrige, wir werden Sie leichtsinnigen Minister vor aller Welt brandmarken, auch wenn wir erschossen würden.) Abel Ferry wagte diesen letzten Worten von Jaurès nicht zu widersprechen, sagte aber beim Abschied dem Begleiter Bedouce. „Tout est fini, il n'y a plus rien à faire." [117] (Alles ist vorbei, man kann nichts mehr machen.)

Obwohl der Chef der Sozialisten von der Unterredung tief betroffen war, wollte er den Einsatz für die Erhaltung des Friedens nicht aufgeben. Er plante nach dem Abendessen einen entscheidenden Artikel im Stil von Zolas „J'accuse" zu schreiben, um die Verantwortlichen dieser Krise anzuklagen.

Auch erwartete er den Besuch des SPD-Vorstandmitglieds Hermann Müller, mit dem er sich über ein gemeinsames Vorgehen absprechen wollte. [118]

Als Jaurès um 21.40 Uhr im 'Café du Croissant' von dem aufgehetzten, nationalistischen Studenten Raoul Villain erschossen wurde, schwanden bei seinen geschockten Mitstreitern die letzten Hoffnungen. Viele waren überzeugt, der Tod von Jaurès bedeutet Krieg. (Jaurès est mort, c'est la guerre.)

Ministerpräsident René Viviani ließ in Paris Plakate mit folgendem Wortlaut aufhängen: „Ein abscheuliches Attentat wurde soeben begangen: Jaurès, der große Redner, der der französischen Tribüne Glanz verlieh, wurde in feiger Weise ermordet. Im Namen der gesamten Regierung entblöße ich mein Haupt vor dem Grabe des sozialistischen Republikaners, der für so edle Ziele kämpfte und der in diesen schweren Zeiten im Interesse des Friedens die patriotische Aktion der Regierung unterstützt hat."[119]

Etwa 300.000 Trauernde nahmen am 4. August am Begräbnis des Märtyrers des Friedens teil. Unter dem Eindruck der am Vorabend eingetroffenen Kriegserklärung des Deutschen Reichs erklärte Raymond Poincaré die 'Union sacrée' Frankreichs, vergleichbar mit dem Burgfrieden Deutschlands. Der Präsident war sehr erleichtert über die deutsche Kriegserklärung. „Es war unerlässlich, Deutschland, das alle Verantwortung für die Aggression hatte, dazu zu bringen, in aller Öffentlichkeit seine Absichten kund zu tun. Wenn wir selber gezwungen gewesen wären, den Krieg zu erklären, dann wäre in Frankreich über die russisch-französische Allianz diskutiert worden, dann wäre der nationale Elan brüchig geworden, und vielleicht

---

116 Ebenda

117 Ebenda

118 Es kam nur noch zu einem kurzen Treffen mit einer von Marcel Sembat geführten Gruppe. Man bekräftigte, nicht für die Kriegskredite zu stimmen.

119 Zitiert nach Heinz Abosch, Seite 130

wäre auch Italien durch die Klauseln des Dreibundes gezwungen gewesen, sich gegen uns zu entscheiden."[120] Noch am 2. August hatte Edourd Vaillant in einer Massenveranstaltung im Wagram Saal in Paris erklärt, dass die Partei die Regierung nur unterstützen werde, wenn Frankreich angegriffen werden sollte.[121]

Auch der deutschen Regierung gelang es, eine hysterische Angst vor der russischen „Dampfwalze" zu erzeugen. Beiden Regierungen war bewusst, dass gegen die öffentliche Meinung ein Krieg der Massen schwer durchführbar wäre. Am 4. August herrschte in beiden Ländern der Glaube, sich in einem Verteidigungskrieg zu befinden.

Die Parlamente in Frankreich und in Deutschland bewilligten jeweils einstimmig die Kriegskredite! Nur 14 deutsche Abgeordnete, unter ihnen Hugo Haase und Karl Liebknecht, wollten die Zustimmung verweigern, beugten sich aber der Fraktionsdisziplin. In der Stunde der Not, wo selbst der Kaiser keine Parteien mehr kannte, wollten Sozialdemokraten nicht als 'Vaterlandsverräter' dastehen und hofften, wenn die Arbeiterbewegung den Krieg schon nicht verhindern konnte, auf eine Demokratisierung des Kaiserreichs nach dem Kriegsende.

Wie erfolgreich die Propaganda der Regierung über die zaristische Aggression gewesen war, zeigt das Beispiel des badischen SPD-Abgeordneten Ludwig Frank, der die letzten deutsch-französischen Treffen initiiert hatte. Er meldete sich als Kriegsfreiwilliger und fiel am 3. September in Lothringen. Selbst der Marxist Jules Guesde trat als Minister in die „Regierung der nationalen Verteidigung" ein. Auch Louis Jaurès, der einzige Sohn von Jean Jaurès, meldete sich als Freiwilliger und zählte seit der letzten deutschen Ludendorff-Offensive im Juni 1918 zu den Vermissten.[122]

Lucien Herr, der Jaurès für die sozialistische Bewegung gewonnen hatte, fällte ein hartes Urteil über das Verhalten der SPD in der Julikrise:

„Die deutsche Sozialdemokratie hat die gemeinsame Doktrin zerrissen, indem sie sich vorbehaltlos, unbeachtet der ursprünglichen Verantwortung, am Konflikt beteiligt und die Sache der Arbeiterklasse mit dem Schicksal jenes Militarismus verband, der der Haupturheber des Krieges war."[123]

Eine entscheidende Ursache für den Ausbruchs des 1. Weltkrieges war das

120 Zitiert nach Gerd Krumeich, Seite 178
121 Julius Braunthal, Seite 361
122 „Quand on a l`honneur d'être le fils de Jean Jaurès, on doit donner l'example: L'internationalisme philosophique n'est point incompatible avec la défence de la patrie quand la vie de celle-ci est en jeu." Zitiert nach: L'Histoire Nr. 397, März 2014, Jaurès, Seite 45
123 Zitiert nach Heinz Abosch, Seite132

Versagen der Eliten in den beteiligten Ländern. Sie waren überfordert von der Komplexität der Situation, von den mangelhaften und verspäteten Informationen, eingebildeten Bedrohungsszenarien und hysterischen Feindbildern. Die herrschenden Vorstellungen, nicht nur der militärischen Führungen, Krisen im Inneren und nach außen durch kurze Kriege „präventiv zu lösen", eskalierten die Lage.

Unter der Lawine des urplötzlich ausbrechenden Krieges mit fast 17 Millionen Toten zerbrach auch die 2. Internationale. Letzte Verständigungsversuche in der neutralen Schweiz auf der Zimmerwalder Konferenz im September 1915 mussten scheitern.

Erst nach Kriegsende im März 1919 begann der Prozess gegen den Attentäter Raoul Villain. Der überraschende Freispruch durch ein Schwurgericht wurde mit seiner Labilität und seiner unglücklichen Jugend begründet. Auch die patriotische Stimmung dürfte eine Rolle gespielt haben.

Die Empörung über das Urteil war groß.[124] Am 6. April strömten zwischen 100.000 und 150.000 Demonstranten zum Jean-Jaurès-Denkmal auf den Victor-Hugo-Platz in Paris. An diesem Tag fand die 'Union sacrée' ihr Ende.

Es war gleichzeitig auch die letzte Großveranstaltung der SFIO, bevor die Partei im Dezember 1920 auf dem Kongreß von Tours zerbrach.[125]

Jean Jaurès im Rathaus von Toulouse

---

124 Angeblich musste die Witwe Louise Jaurès die Prozesskosten übernehmen.

125 Die SPD hatte sich wegen der Frage der Kriegskredite und der Burgfriedenspolitk schon 1917 in USPD und MSPD aufgespalten.

Das Panthéon in Paris

Am 23. November 1924 erwies die französische Republik Jean Jaurès die höchste Ehre. Sein Sarg wurde in einer feierlichen Prozession, begleitet von 70 Bergarbeitern aus Carmaux, in das Panthéon in Paris überführt. In dieser Ruhmeshalle befinden sich die Särge der größten Franzosen.[126]

Man kann sich nach der kontrafaktischen Geschichtsmethode die hypothetische Frage stellen, was wäre gewesen, wenn Jaurès am 31. Juli nicht ermordet worden wäre? Auch er hätte die Zwangsläufigkeit der Eskalation zum Weltkrieg nicht mehr aufhalten können. Vermutlich hätte er sich einerseits als französischer Patriot für die Landesverteidigung ausgesprochen, andererseits aber die 'Union sacrée' immer wieder kritisch hinterfragt und sich gegen eine Instrumentalisierung durch verschiedene Gruppen gewehrt. Eines ist aber sicher: Der über die Grenzen hinweg so geschätzte und gut vernetzte Chef der Sozialisten hätte aus seiner gelebten humanistischen Grundüberzeugung heraus auch weiterhin mit allen Kräften für ein Ende des Kriegsgemetzels[127] gekämpft.

---

126 Das entsprach nicht dem Wunsch von Jaurès. Er wollte in seiner sonnigen Heimat im Languedoc begraben werden.
127 Allein am 22. August 1914 starben über 20.000 französische Soldaten.

Für den 'Märtyrer des Friedens', der unermüdlich vor den Schrecken und Folgen eines europäischen Krieges gewarnt hatte, bedeutete dieser Krieg die größte persönliche Niederlage.

Er hatte seine Friedenshoffnungen vor allem auf die deutsche und französische Arbeiterbewegungen gesetzt, die aber innerhalb weniger Tage in einem patriotischen Taumel alle Beschwörungen der Internationale vergaßen.

Wenigstens blieb ihm erspart, die Schrecken des Krieges und den Tod seines neunzehnjährigen Sohnes mitzuerleben. In einem Gedicht von Marcel Martinet von 1918 hieß es: „Tu n'as connu aucun jours de ces quatre ans. Comme tu es heureux d'être mort![128] (Du hast keinen Tag dieser 4 Jahre gekannt. Wie glücklich du bist, tot zu sein.)

Fotografie von Maurice-Louis Branger: Pré-Saint-Gervais am 25.5.1913 Demonstration gegen die Einführung des dreijährigen Militärdienstes

GEO Histoire, Februar/März 2014, Seite 34
128 Zitiert nach: Histoire Nr. 397, Seite 60

11 Das Vermächtnis von Jean Jaurès

100 Jahre nach seiner Ermordung am 31. Juli 1914 ist Jean Jaurès in Deutschland fast vergessen. Daher habe ich versucht, einige Stationen aus dem Leben des bedeutenden französischen Politikers nachzuzeichnen.

Die faszinierende Persönlichkeit des unorthodoxen Arbeiterführers hat zu extremen Urteilen geführt. Für die einen war er in einer fast religiös-mystischen Weise Hoffnungsträger, für die anderen 'Agent des deutschen Kaisers'. Trotz aller nationalistischen Hetze hat sich der Kenner der deutschen Geistesgeschichte beharrlich für die französisch-deutsche Verständigung eingesetzt. Auch hier konnte er seine Stärke als Vermittler einsetzten.

Aus heutiger Sicht mag man seine 'Sprachverliebtheit' als 'Schwäche' ansehen. Aber die bildhafte Sprache und der ausgefeilte Satzbau eines klassisch Gebildeten waren zeitgemäße Diktion. Innerhalb der sozialistischen Bewegung fand er die Aufgabe und die Bühne, um mit Hilfe seines Rednertalents für seine Vorstellungen zu werben. Über die Kongresse der 2. Internationale konnte er auch erfolgreich europaweit wirken.
Seine Lebensaufgabe sah er in der Erhaltung des Friedens zwischen den Völkern in Sinn von Willy Brandt: „Frieden ist nicht alles, aber ohne Frieden ist alles nichts." Deshalb beschäftigte Jaurès sich so intensiv mit den Ursachen von Kriegen und Konflikten und deren Bekämpfung. Schon früh wies er auf die Gefahren des Wettrüstens hin und setzte sich leidenschaftlich für die Gewaltfreie Lösung von Konflikten ein.
Aus seiner humanistischen Philosophie heraus vertrat er den Glauben an den Fortschritt, an Überzeugung durch Vernunftargumente. Die Todesstrafe war mit seinem Menschenbild nicht vereinbar.
In seiner 'Rede an die Jugend' hat er das Wort 'Courage' besonders hervorgehoben. Es verlangt Mut, selbstbewusst und selbstbestimmt sein Leben anzugehen. Voraussetzung ist die Freiheit des Geistes in einer demokratischen Gesellschaft, an der jeder 'Citoyen' teilhaben kann.
Die dazu notwendige Förderung der laizistischen Bildung war ihm daher ein zentrales Anliegen. Historisches Hintergrundwissen hielt der Autor mehrerer Geschichtswerke für unverzichtbar.
Der französische Republikaner steht für eine moralische Politik, die auf bleibenden Werten beruht.
Er strebte stets nach Gerechtigkeit und Wahrheit. Hilfreiche Reformen für die 'kleinen Leute' in der Gesellschaft waren im wichtiger als das Beharren

auf Ideologien. Treffend zeigt ihn das Denkmal in Carmaux zwischen einem Bergarbeiter, Glasarbeiter, Schmied und Bauern.
Sein Ideal eines Politikers ist noch heute aktuell.
Er verstand darunter ein selbständig denkendes und entscheidendes Individuum, das die Verantwortung für sein Handeln übernimmt und sich nicht einschüchtern lässt. Persönliche Vorteile aus der erreichten Machtstellung zu ziehen, war für den Politiker, der nicht nach einem höheren Amt strebte, unvorstellbar. „Ich möchte nicht, dass ihr mir applaudiert, sondern dass ihr versucht, mich zu verstehen," sagte er zu seinen Zuhörern.
Er hat der Nachwelt ein reiches Erbe an Ideen hinterlassen.
Jean Jaurès hat mit seiner gedanklichen Kraft und seiner moralischen Verantwortung weiter vorausgesehen als viele Zeitgenossen. Auch wenn er die Kräfte seiner Gegner unterschätzte, bleibt sein konsequentes Handeln vorbildlich.

Jean Jaurès' Manuskript für die Erstausgabe der 'Humanité' am 18. April 1904: Unser Ziel

Zeittafel
Jean Jaurès 1859-1914

1859	Geburt von Auguste Marie Joseph Jean Jaurès in Castres (3. September)
1869	Besuch des Collège von Castres
1870	Frankreich erklärt Preußen den Krieg Ausrufung der 3. Französischen Republik
1878-81	Besuch der École normale supérieure in Paris
1882	Philosophielehrer am Lycée von Albi
1883-85	Außerordentlicher Professor für Philosophie an der Universität von Toulouse
1885-89	Unabhängiger republikanischer Parlamentsabgeordneter von Castres
1886	Heirat mit Louise Bois. Ein Sohn und eine Tochter werden geboren
1887	Beginn der journalistischen Tätigkeit für 'La Dépêche de Toulouse'
1890	Gemeinderat und stellvertretender Bürgermeister von Toulouse
1892	Promotion an der Sorbonne Unterstützung des Streiks der Bergarbeiter von Carmaux
1893-1898	Unabhängiger sozialistischer Parlamentsabgeordneter von Carmaux
1896	Kongreß der 2. Internationale in London
1898	Verteidiger von Alfred Dreyfus: 'Les Preuves'
1899	Billigt Eintritt des Sozialisten Millerand in 'Regierung der republikanischen Verteidigung'
1900	Beginn der Publikation der 'Histoire socialiste de la Révolution française'
1902-1914	Sozialistischer Parlamentsabgeordneter von Carmaux
1903	Vizepräsident der Nationalversammlung
1904	Herausgeber der Tagezeitung 'L'Humanité' Kongreß der 2. Internationale in Amsterdam
1905	Gründung der vereinigten Sozialistischen Partei

	Frankreichs: 'Section Française de L'Internationale Ouvrière' (SFIO)
	1. Marokkokrise zwischen dem Deutschen Reich und Frankreich
1907	Kongreß der 2. Internationale in Stuttgart
1908	Veröffentlichung von 'La Guerre franco-allemande, 1870 - 1871'
1910	Kongreß der 2. Internationale in Kopenhagen
1911	Veröffentlichung von 'L'Armée nouvelle'
	Vortragsreise nach Lateinamerika
	2. Marokkokrise zwischen dem Deutschen Reich und Frankreich
1912	Friedensredner in Berlin (17. November)
	Außerordentlicher Kongreß der 2. Internationale in Basel : 'Krieg dem Krieg' (24. und 25. November)
1913	Aktionen gegen den dreijährigen Militärdienst
	Deutsch-französisches interparlamentarisches Treffen in Bern
1914	Großer Wahlerfolg der SFIO (26. April)
	Ermordung des österreichischen Thronfolgerpaares in Sarajewo (28.Juni)
	Sondersitzung des sozialistischen Büros in Brüssel (29. und 30. Juli)
	Ermordung von Jaurès in Paris (31. Juli)
	Kriegserklärung des Deutschen Reichs an Frankreich (3. August)
1924	Überführung von Jaurès' Sarg ins Panthéon (23. November)
2014	Jaurès-Jahr – 100jähriges Jubiläum seines Todes

Literaturverzeichnis

Abendroth, Wolfgang: Sozialgeschichte der europäischen Arbeiterbewegung, Frankfurt a. M. 1973

Abosch, Heinz: Jean Jaurès. Die vergebliche Hoffnung, München 1986

Born, Karl Erich: Von der Reichsgründung bis zum Ersten Weltkrieg, Handbuch der Deutschen Geschichte, Band 16, Stuttgart 1982

Brand, Urs: Jean Jaurès. Internationalist und Patriot, Göttingen 1973

Braunthal, Julius: Geschichte der Internationale, Band 1, Berlin/Bonn 1978

Cabdar, Gilles / Ducoulombier, Romain / Lacousse, Magali: Jaurès. Une vie pour l'humanité , Paris 2014

Centre national et Musée Jean Jaurès (Hg): Jaurès, enfant de Castres, Castres 2009

Clark, Christopher: Die Schlafwandler, München 2013

Degen, Bernhard / Haumann, Heiko u.a.: Gegen den Krieg, Basel 2012

Démier, Francis: La France du XIX. Siècle, Paris 2000

Duclert, Vincent: Jaurès 1959-1914. La Politique et la légende, Paris 2013

Èdition PS 68 (Ouvrage collectif): Krieg dem Krieg. Die Sozialistische Internationale 1912-1914, Mulhouse 2014

Engels, Jens Ivo: Kleine Geschichte der Dritten französischen Republik (1870-1940), Köln 2007

Fonvieille-Alquier, François: Ils ont tué Jaurès!, Paris 1968

Gallo, Max: Le Grand Jaurès, Paris 1984

Jean Jaurès: Die Ursprünge des Sozialismus in Deutschland, Frankfurt a. M. 1974

Jean Jaurès, L'Époque et l'Histoire, Centre National et Musée Jean Jaurès (HRG), Castres 1999

Krumeich, Gerd: Juli 1914. Eine Bilanz, Paderborn 2014

Kühn, Heinz: Auf den Barrikaden des mutigen Wortes, Bonn 1986

Luxemburg, Rosa: Offener Brief an Jean Jaurès. Aus: Die Neue Zeit, Heft 43, Stuttgart 1907-1908, 2. Band

Manfrin, Fréderic / Veyssière, Laurent: Été 14. Les derniers jours de l'ancien monde, BNF, Paris 2014

Fischer, Ilse / Krause, Werner: August Bebel 1840-1913, Köln 1989

Goergen, Marie-Louise: Les relations entre socialistes allemands et français à l'époque de la deuxième Internationale (1889-1914), Saint-Denis 1998

Rebérioux, Madeleine: Jaurès. La parole et l'acte, Paris 1994

SPD-Landesverband Baden-Württemberg: Avantgarde und Volkspartei: Die Sozialdemokratie im deutschen Südwesten von ihren Anfängen bis heute,

Stuttgart 2013

Wehler, Hans-Ulrich: Das Deutsche Kaiserreich 1871-1918, Göttingen 1977

Zweig, Stefan: Zeiten und Schicksale. Jaurès. Ein Porträt (1916), Frankfurt a. M. 1990

Zeitungen und Zeitschriften:

Vorwärts: Archiv der Friedrich-Ebert-Stiftung, Bonn
Lübecker Volksbote: Archiv der Friedrich-Ebert-Stiftung, Bonn
Mülhauser Volkszeitung: Zentralbibliothek, Mulhouse
Mülhauser Tagblatt: Zentralbibliothek, Mulhouse
GEO Epoche: 1914 Das Schicksalsjahr des 20. Jahrhunderts, Nr. 65, Jan. 2014
GEO Histoire: La Première Guerre mondiale I, Nr. 12, Dez./Feb. 2013/14
GEO Histoire.   „   II, Nr 13, Feb./Mär. 2014
L'Histoire: Jaurès. Le socialisme du possible, Nr. 397, Feb. 2014
Histoire Spécial: Jaurès est-il un héros?, Nr 2, Mär. 2014
Le Monde: Jean Jaurès. Un prophète socialiste, Hors-Serie, Mar/Apr. 2014
Der Spiegel Geschichte: Das Deutsche Kaiserreich, Nr. 3, Hamburg 2013

Bildnachweis:

Neuenburg am Rhein und Jean Jaurès

Die 1175 erstmals erwähnte Zähringerstadt Neuenburg am Rhein hatte im Laufe ihrer Geschichte mehrfach die totale Zerstörung durch französische Truppen zu erleiden. Schon im 30jährigen Krieg heimgesucht, wurde die Grenzstadt im Auftrag des Sonnenkönigs Ludwig XIV. 1675 durch den Marquis von Vauban vollständig niedergebrannt. Im Spanischen Erbfolgekrieg befahl Marschall Duc de Tallard 1704 nach zweijähriger Besetzung, die geschundene Stadt dem Erdboden gleichzumachen.

Erst 1714, nach dem Frieden zu Rastatt, durften die Neuenburger ihr Exil verlassen und in die Ruinen zurückkehren.

Im 2. Weltkrieg wurde die Lage an der Grenze der Stadt erneut zum Verhängnis. Am 10. und 11. Juni 1940 wurde Neuenburg durch französischen Artilleriebeschuss als erste deutsche Stadt, wenige Tage vor dem Waffenstillstand mit Frankreich, fast vollständig zerstört. Die Wiederaufbaubemühungen waren vergeblich, da am 22. November 1944 die Stadt durch erneuten Beschuss wiederum in Schutt und Asche versank.

2014 ist das 300jährige Jubiläum der Wiederbesiedlung von Neuenburg am Rhein und gleichzeitig das 100jährige Jubiläum der Ermordung von Jean Jaurès, dem legendären französischen Kämpfer für den europäischen Frieden und die Verständigung mit Deutschland.

Nach ihm sind in Frankreich 2354 Straßen und 367 schulische Einrichtungen benannt. Auch in Berlin, Wien oder Buenos Aires tragen Straßen seinen Namen. Außerdem sind in unserem Nachbarland 138 Monumente Jean Jaurès gewidmet.[129]

Heute arbeitet die Stadt Neuenburg am Rhein grenzüberschreitend mit den französischen Nachbargemeinden auf vielen Gebieten erfolgreich zusammen.

Die wieder neu aufgebaute Stadt könnte ein Zeichen der deutsch-französischen Verständigung und Freundschaft setzten, indem sie in dem 100jährigen Jubiläumsjahr des Beginns des 1. Weltkriegs eine Brücke, einen Platz oder eine Straße nach dem französischen Pazifisten benennen würde.

Gerade Jean Jaurès, der sein Leben für die Erhaltung des Frieden einsetzte, wäre ein geeignetes Symbol.

Diese Geste würde sicherlich Zustimmung bei unseren westlichen Nachbarn finden.

---

129 Histoire Nr. 397, Seite 63

Nachtrag:

Folgenden Antrag der SPD-Fraktion hat der Neuenburger Gemeinderat ohne Gegenstimme am 21. Juli 2014 beschlossen:

„Der Gemeinderat der Stadt Neuenburg am Rhein will ein Zeichen der deutsch-französischen Verständigung und Freundschaft setzen, indem im 100sten Jubiläumsjahr des Beginns des 1. Weltkriegs eine Brücke, ein Platz oder eine Straße nach dem französischen Pazifisten Jean Jaurès benannt wird. Der „martyr de la paix" (Märtyrer des Friedens) wäre sicherlich eine geeignete Persönlichkeit für eine symbolische Geste."

Straßenschild aus Toulouse

Der Autor

Jost Meyen wurde 1951 in Oldenburg in Holstein geboren. Er studierte Geographie, Politik und Geschichte in Freiburg und an der FU Berlin. Da er nach dem 2. Staatsexamen keine dauerhafte Anstellung als Lehrer fand, schulte er zum Reiseverkehrskaufmann um und führte bis 2012 ein eigenes Reisebüro in Neuenburg am Rhein an der deutsch-französischen Grenze.
Seine Leidenschaft zum Reisen führte ihn in viele Regionen der Welt. So resultierte seine 1. Staatsexamensarbeit über die „Die Mobilität der Industriebeschäftigten von Lagos" aus einem vierteljährlichen Forschungsaufenthalt in Nigeria.
Im Jahre 2016 veröffentlichte er das Buch „Auf den Spuren der Dekabristen". Diese Gruppe junger, idealistischer Offiziere versuchte im Dezember 1825 in St. Petersburg, die Selbstherrschaft des Zaren zu beenden und die Bauern aus der Leibeigenschaft zu befreien. Sie sind noch heute Ikonen der russischen Geschichte.
Die Zielsetzung des Autors ist es, über engagierte historische Persönlichkeiten zu informieren, die in Deutschland fast unbekannt sind, im Selbstverständnis und Geschichtsbewusstsein ihres Heimatlandes jedoch eine große Bedeutung haben.

Der Autor bei der Eröffnung der Jean-Jaurès-Ausstellung in Mulhouse im Oktober 2014.

„Es wäre die größte Freude meines Lebens, wenn ich den Tag erleben könnte, an dem sich das demokratische Deutschland, das demokratische England und das demokratische Frankreich zur ewigen Versöhnung und zum dauerhaften Weltfrieden die Hände reichen würden."
(Aus der Rede von Jean Jaurès am 11.9.1910 auf dem internationalen Sozialistentreffen in Frankfurt.
Zitiert nach: 'Lübecker Volksbote', Nr. 216, 15.9.1910.)